京都はじまり物語

東京堂出版

はじめに――京都の新たな魅力を再発見

言うまでもなく、京都は日本で最も古い伝統と歴史を受け継いできた街である。その長い歴史をひもといてゆくと、私たちの身近にあるさまざまな文化や祭事、遊び、衣食住に関わる〝はじまり〟の多くが京都にあったことに気づく。古代から歴史と文化の中心地で、天皇をはじめ公家や僧侶、武将など、各時代における最高の文化人が集まっていたのだから、それも当然のことである。

また三方を山に囲まれた典型的な盆地であったため独特の気候風土が生まれ、そこから京都ならではの野菜や特産品が誕生し、独特の食文化も育まれた。

古い伝統を重んじながら、〝新しモン好き〟の京都人は、斬新な文化を生みだしてきた。京都は昔から伝統的なものと相反するような若者文化の発祥地でもある。たとえば京都で生まれた歌舞伎や能、狂言などは伝統芸能だが、それが誕生した当時は、じつに時代の先端をゆく若者文化であった。歌舞伎は、江戸時代に流行した、派手な身なりをして常識はずれな行動をする「傾奇者《かぶきもの》」から派生した。若者文化の代表ともいえる映画は、京都人がフランスから輸入して初めてつくった。また明治になると、京都は東京や大阪よりも早く近代化に着手し、さまざまな近代産業の発祥の地となった。

私は二〇〇四年から毎年、京都商工会議所主催の「京都・観光文化検定試験（京都検定）」の監修を務めてきた。今年で一〇回目を迎えるが、京都検定を実施してきて京都ほど歴史的遺産や伝統芸能、衣食住の文化が豊かな街はないとつくづく感じる。

そこで、全国に先駆けて京都が発祥となった事物について集めてみた。当然のことだが、古くは記録が残されておらず詳細が不明なものや、なかには、「発祥の地」がいくつも存在するもの、京都が発祥と断定できないものもある。異論を唱える方もおられるであろう。あるいはこの後、新たな発見があって別の発祥説が登場するやもしれない。しかしながら、本書は各地の〝我こそが日本初〟を競うのが意図ではない。

平安時代から現在に至るまで、伝統を重んじながら進取の気質に富んできた京都の新たな魅力を感じていただきたいと願っている。それぞれの項目には名所旧跡の地図とアクセス情報も添付した。本書を片手にこれらの地を訪れていただければ幸いである。

本書の発刊に当たっては、多くの方に資料提供や取材でご協力いただいた。厚く御礼申し上げます。東京堂出版編集部の堀川隆氏、吉田知子氏には大変な労をおかけした。また井堂恵子氏には編集・取材でご協力いただき、デザイナーの小林千枝子氏、清水荘三氏には地図や写真でお世話になった。この場をお借りして心から感謝申し上げます。

森谷　尅久

京都　はじまり物語

目次

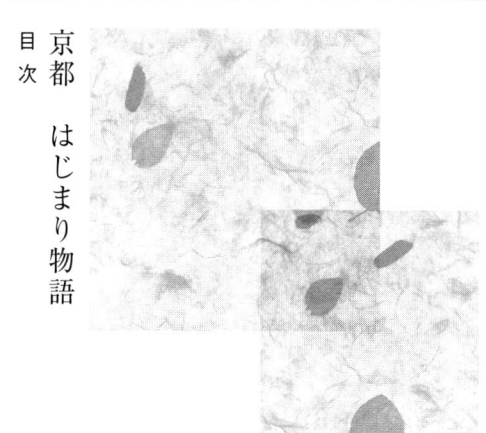

はじめに　1

1章「食」の発祥物語

松花堂弁当　農家の種入れにヒントを得て　松花堂庭園・美術館　12
漬物　「京都三大漬物」を生んだ自然と歴史　寂光院／聖護院／上賀茂神社　16
しば漬／千枚漬／すぐき漬け
肉じゃが　誕生のきっかけはビーフシチュー!?　舞鶴市海上自衛隊総監部　25
にしんそば　先人の知恵とワザが生み出した逸品　「松葉」　28
鯖寿司　京都人の「おふくろの味」　「いづう」　31
いもぼう　天皇も喜んだ逸品が生まれたわけ　「平野家本家」　34
湯葉　最澄が天台宗の教えとともに持ち帰ったもの　比叡山延暦寺　38
饅頭　中国から伝わり京都で人気を博して　饅頭屋町　41
みたらし団子　下鴨神社発のトリビア満載　下鴨神社　44
フランスパン　京都人の〝新しモン好き〟な精神が生んだ　進々堂　47
湯豆腐　京の清涼な水から生まれた精進料理　南禅寺　51

2章 「暮らし」の発祥物語

トイレ　一〇〇人が用を足せる壮大な施設　東福寺　56
公衆トイレ　観光シーズンには「貸しトイレ」まで出現　嵐山ほか　60
銭湯　古都の住民は大の風呂好き　63
喫茶店　その歴史は寺の門前から始まった　東寺　66
中央卸売市場　「天下の台所」の第一号は……　京都市中央卸売市場第一市場　69
町内会　自治力が強い住民気質が生んだ　73

3章 「娯楽」の発祥物語

九九の始まり　平安京の公家たちの教養のひとつ　76
かるた　貴族の優雅な遊びから生まれる　79
能楽　将軍と若き能楽師の出会い　新熊野神社　82
歌舞伎　謎に包まれた創始者の生涯　出雲阿国の像　87
落語　法話が大人気の僧侶が始祖か　誓願寺　90

囲碁　信長、秀吉、家康に手ほどきをした名棋士　寂光寺　93
映画　「東洋のハリウッド」誕生秘話　立誠小学校／真如堂　96
日本初の映画上映は京都だった！／映画の初ロケ地は寺
流鏑馬　八〇〇年にわたって封じられていたわけとは　城南宮　101

4章　伝統・文化の発祥物語

茶の栽培　歴代の僧侶によって育まれてきた　高山寺　106
絵馬　水の神に捧げられた黒馬と白馬　貴船神社　110
葉書　お茶にも手紙にも使われた貴重な木　糺の森（下鴨神社）　113
華道　仏教との深いかかわりが生んだ芸術　六角堂　116
舞妓・芸妓、花街、お茶屋　そのはじまりは、巫女だった　京都五花街／北野天満宮／八坂神社　119

5章　服飾文化の発祥物語

友禅染　京都人の心をとらえた斬新なデザイン　友禅苑（知恩院）　124

養蚕　『古事記』『日本書紀』にも描かれた発祥伝説　蚕の社（木嶋坐天照御霊神社）多々羅西平川原（京田辺市）　127
西陣織・絹織物　西洋の技術も巧みに取り入れ成長　西陣織会館　131
風呂敷　花の御所で大活躍　花の御所跡碑　134
扇　貴族の正装の必需品に　五条大橋／誓願寺　137
丹後ちりめん　ちりめん街道を歩き往時を偲ぶ　峰山町／与謝野町　140
学生服・セーラー服　パリモードを取り入れた最先端ファッション　京都師範学校／平安女学院　142

6章　「物づくり」の発祥物語

島津製作所　京都が誇る「日本のエジソン」　島津製作所創業記念資料館　146
気球／レントゲン／蓄電池／人体解剖模型
琵琶湖疏水、水力発電所　清盛や秀吉が見ていた夢の実現　蹴上発電所　153
鉄筋コンクリート建築　近代技術の夜明けの象徴　日ノ岡第一一号橋／山ノ谷橋　156
貨幣鋳造所　かつての首都で生まれた和同開珎　加茂町銭司　159
近代医学　『解体新書』以前に行われていた人体解剖　六角獄舎跡　161
電車　世界で五番目の快挙　「電気鉄道事業発祥の地」碑　166

7章 学問・スポーツの発祥物語

学校 教育熱心な土地柄が生んだ多様な施設 上京第二七番小学校ほか 170
小学校／中学校／女学校／幼稚園／庶民のための私立学校
図書館 開館時間は、何と一六時間もあった！ 集書院（京都府立図書館） 183
音楽学校 古都が音楽の街になったきっかけ 堀川高等学校 186
盲学校・聾啞学校 障害児教育を支えた人々の熱意 盲啞院 189
駅伝 カンテラと懐中電灯を掲げて夜通し走る 駅伝発祥の碑 192
国民体育大会 芋畑をグラウンドにして盛大に開催 西京極総合運動公園 196
サッカー 一〇〇〇日間球を蹴り続けた「蹴聖」がいた 白峯神宮 199
競馬 神に奉納された重要な神事 上賀茂神社 203

8章 建築文化の発祥物語

茶室 利休の茶の心を体現する小空間 待庵（妙喜庵） 208
町家 狭い間口は節税対策？ 213

書院造り　現代に受け継がれる建築様式　東山山荘（銀閣寺）　217
法堂　寺の権威を誇示する堂々たる建造物　相国寺ほか　221
寝殿造り　『源氏物語』の舞台にもなった壮麗な邸宅　六条河原院／東三条殿　225
能舞台　布教の手段として寺社の支援のもと発展　西本願寺ほか　228
障子　清盛邸を飾った画期的な建具　六波羅　232
神社建築　『日本書紀』にも登場する国宝　宇治上神社　235

写真提供一覧　238

編集協力　井堂恵子
装丁　坂川朱音（坂川事務所）
本文フォーマット　藤森瑞樹
地図作成　小林千枝子

1章

「食」の発祥物語

松花堂弁当
農家の種入れにヒントを得て

松花堂庭園・美術館

おにぎり、海苔巻き、稲荷寿司、幕の内……。花見やレジャー、芝居見物などで食べる弁当は、普段の食事よりも楽しくておいしく感じるものだ。日本人は古くは五世紀頃からタカ狩のタカの餌袋を弁当としていたという。その後平安時代には猟や農作業、戦などに出かけるとき、外で簡単に食べられるように握り飯や干飯《ほしいい》を持参していた。

江戸時代になると、庶民は街道を歩いて旅をしたり、芝居見物を楽しむなど娯楽にいそしむようになったが、そのお供に弁当は欠かせなかった。芝居見物で食べる幕の内弁当は、芝居の幕間《まくあい》に食べることからこう呼ばれるようになったが、ひと口で食べられるように飯を俵形にするなど、さまざまな趣向をこらしてある。

いまでは全国に普及して、ちょっと豪華な弁当の代名詞となっているのが、「松花堂弁当《しょうかどう》」である。黒塗りの木の四角い弁当箱の中に十字形の仕切りがあり、縁の高いかぶせ蓋がある。仕切りの中に、向付《むこうづけ》、御菜《おかず》、煮物、飯などを見た目も美しく盛り付ける。仕切りは十字形の四仕切りが

松花堂弁当。機能と美しさを併せ持つ器に盛り付けられる

草庵茶屋「松花堂」。松花堂昭乗が寛永一四年（一六三七）に建てた

【松花堂庭園・美術館へのアクセス】

京阪「八幡市」「樟葉」駅、ＪＲ片町線「松井山手」駅から、京阪バスにて「大芝・松花堂前」下車すぐ。

基本だが、今では六仕切り、九仕切り、さらにもっと多い仕切りもある。

弁当といえども刺身、魚の焼き物、煮物など少量ずつだが、豪華な和食が楽しめる。

一見すると幕の内弁当に似ているが、幕の内弁当は江戸時代の本膳料理を起源とするものであり、松花堂弁当は懐石料理の流れをくみ、昭和になってから生まれたもので、そのルーツはまったく異なっている。

そもそも松花堂弁当という名は、江戸時代初期に、京都府八幡市《やわた》にある石清水八幡宮《いわしみずはちまんぐう》の社僧であった松花堂昭乗《しょうかどうしょうじょう》の名前からとったものである。松花堂昭乗は、近所の農家が農作業のとき、作物の種入れに十字形に仕切った箱を使っているのを見て、これは便利だと思い、これと同様、四角い入れ物の中を十字形に仕切り、絵の具箱やたばこ盆、小物入れなどさまざまな用途に使っていたという。

江戸時代初期のこの頃、京都では公家、武士、僧侶、庶民などの間に優れた日本の芸術文化が花開いた。昭乗は書道、絵画、茶道に優れ、京都の文化発展に本阿弥光悦《ほんあみこうえつ》らとともに大きな役割を果たした。

昭乗は風雅を愛で、多くの優れた絵画や書などの作品を残し、また茶の湯では、小堀遠州《こぼりえんしゅう》をはじめとする一流の茶人たちが集う茶会を開き、彼が愛用した茶道具は今も珍重されている。

寛永一四年（一六三七）、昭乗は隠居して瀧本坊の住職を弟子に譲り、石清水八幡宮のある男山の麓にあった泉坊の近くに「松花堂」という草庵を建てて侘び住まいに入った。この松花堂が現在の松花堂庭園・美術館の前身である。見事な庭園は京都府の指定文化財になり、四季折々の花や木々は訪れるたびにその美しさを堪能させてくれる。

さて、昭乗が絵の具箱にした物入れが松花堂弁当になるのは、それから数百年後の昭和になってからである。

昭和のはじめ、後に日本屈指の名料亭吉兆《きっちょう》の創業者となる湯木貞一《ゆきていいち》が、八幡を訪れた際に、昭乗が愛用していた四仕切りの箱を見てひらめいた。この物入れにひと工夫して弁当箱にしようと考えたのだ。そこで試行錯誤のうえ、寸法などに手を加えて懐石料理を盛り付けた。これを弁当として世に広めたのが松花堂弁当のはじまりである。

湯木貞一は弁当箱の中に十字形の仕切りがあることで、料理の味や匂いが他の料理に移らないと気づいたのである。さらに見た目も美しい。食べる人を大切にする湯木のアイデアは大いに受けて松花堂弁当は全国の料理屋でつくられるようになっていった。

現在、吉兆は松花堂庭園・美術館を訪れる人たちに松花堂弁当を提供している。風雅な松花堂庭園を眺めながら、名料亭吉兆の松花堂弁当を味わいつくすのは、何と贅沢《ぜいたく》なことであろう。松花堂弁当は、京都の文化人・松花堂昭乗と、京都の名料理人湯木貞一の二人のコラボから生まれたのであった。

漬物
「京都三大漬物」を生んだ自然と歴史

寂光院／聖護院／上賀茂神社

●しば漬

しば漬（柴漬け）は、なすを刻んだ赤シソの葉で塩漬けにして発酵させた漬物で、シソの赤紫色が鮮やかで酸味が強いのが特徴である。人気の漬物で全国でつくられているが、しば漬の発祥地はもちろん京都。京都の北東部、比叡山《ひえいざん》のふもとに広がる大原《おおはら》の里でつくられる特産品である。

伝統的な漬物が多い京都においても、しば漬は代表的な漬物で、すぐき漬け、千枚漬と並んで「京都三大漬物」といわれる。

最近では、全国各地でもつくられているせいか、なすのほかにみょうがやきゅうりを入れたり、酢漬けにする場合もある。しかし、大原でつくられる本来のしば漬は、なすと赤シソを塩だけで漬けて乳酸発酵させたもので、本来のつくり方では熟成にほぼ一年かかるという。

では、大原でなぜしば漬が生まれたのか。大原の里は山々に囲まれて清らかな水に恵まれ、古来野菜はもちろん、しば漬に必要な良質の赤シソがよく育った。

【寂光院へのアクセス】
市バスで「大原」下車、徒歩約15分。

しば漬。建礼門院ゆかりの京都を代表する漬物

さらにここは、平安京と若狭湾を結ぶ若狭街道の中継地点であった。この若狭《わかさ》街道は、平安京以来の古道で、若狭でとれた魚を京の都に運ぶ魚街道、鯖《さば》街道といわれた。

大原の一帯は冬は雪が深く寒さが厳しい。物資輸送のメインルートの魚街道は、冬になると行き来が途絶えた。食糧も手に入りにくくなる。そのため大原の里人たちは、夏の間にとれた野菜を特産の赤シソで漬けこんで保存食として冬に備えたのである。おそらく平安京以前から里人たちが暮らしの知恵として行っていたと思われる。

平安時代末期の元暦《げんりゃく》二年（一一八五）、源平合戦の末、平家が壇ノ浦の戦いで滅亡すると、平清盛の娘で安徳天皇の母であった建礼門院《けんれいもんいん》は、壇ノ浦で入水《じゅすい》したが源氏に助けられて京都に送られた。その後出家し、わずかな女官だけをつれて大原の寂光院《じゃっこういん》に入り、平家一門の菩提《ぼだい》を弔いながら生涯を送った。

当時、大原の里は深い山と木々に囲まれ、人も訪れない寂しい地であった。それまで栄華をきわめた暮らしを続けてきた建礼門院にとって、慣れない地での暮らしはどんなにわびしくつらいものであろうか……村人たちは、建礼門院を慰めるために、得意の漬物を献上したという。

村人たちの温かな思いやりと鮮やかな赤紫色の漬物を、建礼門院は非常に喜ばれて、この漬物に「むらさきはづけ（紫葉漬け）」という名をつけたという。そこで、この漬物の名が「しばづけ」と呼ばれるようになったのである。

また、村人たちが献上した野菜を、建礼門院が保存食として村人たちに塩漬けにさせたのがはじまりという説もある。

さらには、大原には、昔からこの里でとれた薪炭や食糧を頭に乗せ、独特の着物姿で京の都まで売りに歩いた「大原女《おはらめ》」という女性行商人がいたことで知られるが、じつは建礼門院に従ってきたわずかな女官たちが、この大原女の起源だともいう。

平成二五年（二〇一三）、建礼門院八〇〇年忌《き》法要が寂光院で行われたが、しば漬と大原女発祥の地の石碑も寂光院前に建てられて披露された。今でも大原の人たちは、しば漬の漬けこみを年中行事として欠かさないという。

【聖護院へのアクセス】
市バスで「熊野神社前」下車、徒歩3分。または京阪「神宮丸太町」駅下車、東に徒歩約9分。

千枚漬。見た目も美しく上品で京土産としても大人気

●千枚漬

「はんなり」という京言葉がある。明るく華やかだが上品さと気品を兼ね備えているさまを表す言葉で、まさに千枚《せんまい》漬《づけ》こそ、はんなりにふさわしい。

しっとりときめ細やかな白いカブに緑鮮やかな壬生菜《みぶな》と昆布が添えられた、見た目も美しく上品な京都を代表する漬物である。

京都名産の聖護院《しょうごいん》カブを薄く切って塩漬けにして余分な水分を取り除き、その後良質な昆布だけで本漬けを行う。乳酸発酵させることなく、カブ本来の甘みと昆布の旨みを引き出し、バランスよい風味に仕上げたカブの浅漬けで、京都土産としても人気が高い。

聖護院カブは一般的なカブよりも大きくて太い球形をしており、同じような京野菜に聖護院大根があるが、千枚漬は聖護院カブでつくる。聖護院カブを薄く切って一つの樽に漬けこむ枚数が千枚であったことから、「千枚漬」と呼ばれるようになったとも、一つのカブを千枚と思えるほど薄く切ってつくるためだともいわれる。

では、この上品な漬物はいつ、どのようにしてできたのか。千枚漬は、いまから百数十年前の江戸時代末期、幕末動乱に揺れる京都の宮中で生まれた。

当時、孝明《こうめい》天皇の宮中大膳寮《だいぜんりょう》に仕えていた大藤藤三郎《おおふじとうざぶろう》は、幕末の不穏な世に心を痛める天皇をお慰めしようと、日夜、天皇の嗜好に合う漬物を考案していた。さまざまな店の漬物を食してまわり、そしてついに縄手三条下《なわてさんじょう》ルにあった漬物屋が尾花川漬《おばながわづけ》として売っていたカブの漬物にひらめきを得た。宮中での料理の経験を活かして、漬け方、調味料、風味にこだわり、良質のカブを求めて探し回り、ようやく聖護院カブに出会ったという。

彼が考案したのが、聖護院カブを薄く削ぎ、丸いまま扇状に塩漬けした千枚漬である。器に盛るときは白いカブに緑の壬生菜、黒い昆布を見栄えよく添える。

白いカブで京都御所の白砂を。

緑の壬生菜で庭の松を。

黒い昆布で庭石を。

千枚漬で京都御所の瑞兆《ずいちょう》を表現したのである。このアイデアは天皇からたいへんなお褒めを賜った。それまで、漬物といえば、食糧が不足したときのための保存食と捉えられていた時代で、醤油漬けや糠《ぬか》漬けのくすんだ色のものが多かった。だが、藤三郎のつくった千枚漬は色鮮やかではんなりと繊細な味わいで、天皇はもとより、京の都人たちの絶賛を浴びたという。

その後、宮中勤めを退き、「大藤《だいとう》」という屋号の店を出して千枚漬を売り出した。大きな丸いカブを御所仕込みのワザで薄く削ぎ切り漬けこんでゆく店頭の風景は、都の人たちの人気となり、人だかりができるほどだったという。また新鮮な漬物の味は京の町衆にも一気に広まった。他の漬物屋もこぞってつくり始めたため、千枚漬は京の代表的な漬物になっていく。

明治二八年（一八九五）には、京都で開かれた全国博覧会で全国名物番付に入選し、京都大藤の千枚漬は一気に全国にも広まった。

漬物屋「大藤」は、現在も京都市中京区麩屋町《ふやちょう》通錦小路下ルにのれんを出し、創業時のつくり方をかたくなに守って営業を続けている。

●すぐき漬け

すぐき漬けは、しば漬、千枚漬と並び、京都の冬の代表的な漬物である。カブの一種である酸茎菜《すぐきな》を塩だけで漬けこんだ後、乳酸発酵させ酸味が強いのが特徴の味わい深い漬物である。

いまでは全国にも知られてきたが、原料であるすぐき菜自体が京野菜であるため、他府県では味わえない京都ならではの貴重な漬物といえる。

すぐき菜は、古来京都の賀茂川と高野川にはさまれた上賀茂《かみがも》一帯での栽培・生産に限定され、栽培技術も種も他村へ持ち出すことが禁じられていた。そのためすぐき菜は古くからいまに至るまで、上賀茂一帯の特産品となってきた。カブの変種で根の部分が短い円錐形《えんすい》をしており、葉は肉厚で大きいのが特徴である。

八月末に種まきがされ、一一月下旬に収穫され、収穫後に漬けこまれ、約一ヵ月ほどですぐき漬けが完成する。したがって一二月～春頃が食べ頃といわれる。

すぐき漬けの製法は独特で、すぐき菜を収穫したら、表面の皮をむいた後に大きな樽に塩をたっぷりかけて一昼夜漬けこむ。これが荒漬け。

この後、すぐきを一本一本、丁寧に水洗いして塩で本漬けをする。このときの重石《おもし》が独特の天秤《てんびん》押しという方法。長さ四～五メートルの丸太棒の一方を固定させ、もう一方の先に一〇キロの重石を三つ下げて樽のふたを押さえる方法。テコの原理を応用したもので、ふたには重石の一〇倍の重さがかかるという。

塩漬けが完了すると、四〇度ほどに暖めた室《むろ》の中で発酵させる。一週間ほど室に入れておくと、独特の風味を持ったすぐき漬けが完成する。

そもそも、京都でも貴重なすぐき漬けは、どこで始められたのであろうか。すぐき漬けは京都の上賀茂神社の社家《しゃけ》（神社に仕える氏族やその家）のゆかりのものとされ、賀茂川のほとりで見つけたカブに似たすぐき菜を持ち帰って植えたのがはじまりとの説がある。

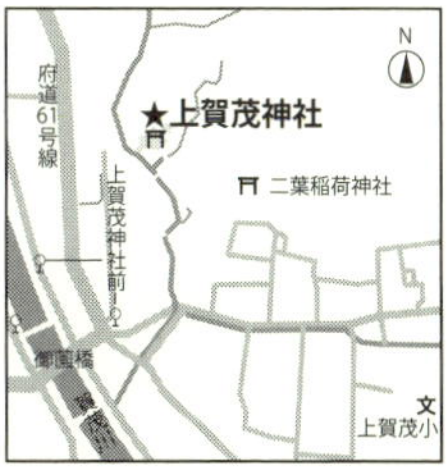

【上賀茂神社へのアクセス】
地下鉄烏丸線「北山」駅から徒歩約25分、または市バスで「上賀茂神社前」下車すぐ。

すぐき漬け。上賀茂の「秘宝」として長年にわたり大切に守られてきた

また、上賀茂の社家が宮中からすぐき菜の種を賜って栽培を始めたので門外不出になったという説もある。

それがいつのことかは諸説あり、後堀河天皇の『加茂日記』に「すぐき一桶」の記述があることから、この時代には始められていたようである。はっきりとわかっているのは一六世紀の安土桃山時代で、社家の屋敷内ですぐき菜の栽培とすぐき漬けが始まったという。

上賀茂神社の社家は貴族階級に匹敵し、すぐき漬けは市場に出回ることなく自家や貴族への贈り物だけに使われていた。

すぐき菜の栽培も文化元年（一八〇四）に第一一代徳川家斉《いえなり》のとき「すぐきは他村へ持ち出すことを禁ず」というお触書が出されたため、すぐき菜は門外不出の野菜として、上賀茂だけで守られるようになった。すぐき漬けは上賀茂神社だけでつくられ、食されていたこの上なく貴重な贅沢品であったのである。

江戸時代初期からは、上賀茂神社の社家では、上賀茂神社の特産品として、毎年初夏になると賀茂社家の手によって都の御所や公家、上層階級に贈るようになっていった。御所や公家では、夏の日の珍味として喜ばれて賞味されたと伝えられる。

しかし、江戸時代の終わりごろ、飢饉が続き、飢えに苦しむ京の町の難民のため、社家が製法を公開したことから、しだいに一般の農家でもつくられるようになっていった。

やがて江戸時代の終わりごろから明治の初めにかけて、一般庶民にも出回るようになり、贈答品として珍重されるようになった。

現在も上賀茂神社の近くには大きな門構えの社家と、古くから漬物をつくってきた伝統ある漬物屋が何軒も立ち並ぶ。いまも京都のすぐき漬けは上賀茂の「秘宝」ともいうべき食べものなのである。

肉じゃが
誕生のきっかけはビーフシチュー!?

舞鶴市海上自衛隊総監部

煮物や味噌汁と並び、「おふくろの味」の代表といわれるのが肉じゃがである。牛肉、じゃがいも、玉ねぎ、糸こんにゃくなどを醤油、砂糖、みりんで甘辛く煮たもので、家庭料理の惣菜である。

このおふくろの味として男性が最も好む肉じゃが、じつは発祥の地が京都だという説がある。明治時代の京都府舞鶴《まいづる》市だというのだ。

明治三四年（一九〇一）、舞鶴市に海軍鎮守府が置かれ初代司令長官として東郷平八郎《とうごうへいはちろう》が赴任した。当時、海軍では水兵の間に脚気が蔓延し、死亡者が続出していた。海軍軍医は、水兵の食事が白米中心で栄養バランスが悪く、たんぱく質が不足することが原因であると判断した。そこで、海軍では食事をたんぱく質が多い西洋食に切り替え始めていた。

東郷平八郎は明治四～一一年（一八七一～一八七八）までイギリスのポーツマスなどに留学していた。そのときイギリスで食べたビーフシチューが大好物になり、日本に帰国してからもその味が忘れられなかった。

　舞鶴に赴任した東郷は、さっそく料理長に命じてビーフシチューをつくらせた。ところが、当時の舞鶴にはビーフシチューに必要なドミグラスソースもワインもない。そこで、料理長は醬油、砂糖を使って牛肉、じゃがいも、玉ねぎを煮込んでつくったのが、肉じゃがの始まりという。

　この煮込み料理は、ビーフシチューとは似ても似つかぬ味だったがいい味で、水兵たちの脚気防止にも役立ったという。肉じゃがは海軍の艦上食として広まり、やがて全国の家庭でもつくられるようになって、惣菜として定着したという。また、舞鶴市の海上自衛隊総監部には昭和一三年（一九三八）刊行の『海軍厨業管理教科書』が保管されているが、それに現存する最古の肉じゃがのレシピが記されている。

　これらのことから、舞鶴市は平成七年（一九九五）、「肉じゃが発祥の地」を宣言し、市民によって「まいづる肉じゃがまつり」などさまざまなイベントが開催されてきた。

　しかし、東郷が舞鶴に赴任した明治三四年（一九〇一）ごろ、日本にはすでにビーフシチューやハヤシライスなどが洋食屋のメニューにあった。さらには牛肉を醬油と砂糖で煮るのは、すでに食されていた牛鍋や牛肉の大和煮と同じであることから、東郷が肉じゃがの生みの親という説は後世の脚色であるともいわれている。

　さらには、平成一〇年（一九九八）には広島県呉《くれ》市も「肉じゃが発祥の地」の宣言をした。東

【海上自衛隊総監部へのアクセス】
ＪＲ舞鶴線・小浜線「東舞鶴」駅から京都交通バスで「ユニバーサル造船前」下車、徒歩約３分。または「自衛隊桟橋前」下車徒歩１分。

代表的なおふくろの味、肉じゃが。海軍の艦上食だったのがやがて一般家庭に

郷は舞鶴赴任よりも一〇年ほど前に、参謀長として呉鎮守府に赴任している。そこで、肉じゃが発祥の地は呉だと主張。肉じゃが発祥の地をめぐって論争を戦わせてきたが、まだ決着していない。

最近では論争を逆手にとって、「肉じゃがと海軍ゆかりの街」としての舞鶴と呉を両市が連携して全国にアピールするようになった。両市ともに「まいづる肉じゃが」「くれ肉じゃが」というご当地肉じゃがを考案して、街の活性化を図っている。

にしんそば
先人の知恵とワザが生み出した逸品

「松葉」

京都は、平安京の古代から宮中や公家、僧侶などの食のために、さまざまな食文化が発達してきた。日本料理の原型となる宮中や公家の料理、寺院の精進《しょうじん》料理、茶道の懐石料理などは、京都で生まれて発達した。

また海から離れた内陸の盆地であるため、独特の食文化が生まれた。京都の気候風土に合った京野菜を生み、新鮮な魚が入手困難なため、塩干物や魚の漬物などを利用する工夫がついた。

平安京の昔から、日本海で水揚げされた魚は、ひと塩して若狭《わかさ》街道を経て都まで運ばれてきた。塩鯖《さば》、ぐじ（ひと塩の甘鯛）、笹かれいの一夜干し、塩いわし、干したらなどが日本海から運ばれ、内陸の都でも食された。

また江戸時代になると、北前船が北海道でとれたにしんを干物にした身欠《みが》きにしんを畿内にも運んだ。北海道の江差《えさし》や小樽《おたる》、留萌《るもい》などから北前船《きたまえぶね》で日本海に運ばれたにしんは、若狭街道や周《しゅう》山《ざん》街道を通って京都に届けられたので、京都では身欠きにしんの姿煮、にしんの棒煮、にしん巻などのにしん料理が発達して名物となった。新鮮な魚がない京都の人々にとって、昔から塩鯖、身欠きにしんは貴重なたんぱく源であったのだ。

にしんそばは、かけそばの上ににしんの甘露煮をのせたもので、いまでは各地に出回っているが、京都のそば屋が発祥といわれている。江戸時代、歌舞伎や浄瑠璃など芝居がはやった頃、京都四条大橋のたもとに建つ劇場・南座の向かいには北座があった。文久元年（一八六一）、松野与《まつのよ》衛門《えもん》は、北座で芝居茶屋を始め、屋号を「松葉《まつば》」とし、そばも提供した。

二代目の松野与三吉《よさきち》は、京都の人々がたんぱく源として好んで食べていたにしんに目をつけた。京都では、身欠きにしんは米のとぎ汁に浸して何日もかけて戻し、甘辛く煮たり、こぶ巻にしたり、豆とともに煮たりして常食していた。

そこで、京都人が好む身欠きにしんを使っておいしいそばができないかと、いろいろとアイデアをひねった末、にしんとそばの組み合わせを思いついた。

そばの上品なだし汁の中に、秘伝のたれで甘辛く炊き上げたにしんの棒煮を入れたにしんそばを考案したのだ。これは、そばの風味に、ほどよく脂がのったにしんの味が溶け込んで、絶品の味となった。松葉でにしんそばとして売り出したところ、京の町衆の好みに合い、たちまち都じゅうに広まった。明治一五年（一八八二）のことである。

やがて、芝居見物の客や歌舞伎役者も好んで食べるようになった。その後松葉は南座の一角に

【松葉本店へのアクセス】
京阪「祇園四条」駅下車すぐ。南座横。

名物のにしんそば。長年にわたって芝居見物の客や歌舞伎役者に愛されている

店を移し、明治二六年（一八九四）に北座は閉鎖されたため、松葉は現在は南座の隣に店を構えて営業している。だが、北海道の江差、小樽、留萌でもにしんそばは名物となっており、かつてにしん漁で栄えた江差町の豪商・横山家には当時のにしんそばのレシピが残されており、こちらがにしんそばの元祖だという説もある。横山家は江戸時代から続く旧家の建物をいまも残し、現代も八代目が暮らしており、ここでにしんそばを提供している。

どちらが元祖かはわからないが、にしんの甘辛煮は昔から京都の名物料理であったし、京都人は安い食材や残り物、保存食などから美味な一品を生みだす食の知識やワザが豊かである。にしんとそばという意外な組み合わせが美味であることに気がついたのは、京都人ではないだろうか。

鯖寿司

京都人の「おふくろの味」「いづう」

寿司《すし》は、言うまでもなく酢飯と魚介類を組み合わせた日本を代表する料理で、回転寿司はいまや世界各国で大人気になっている。

ところが寿司の起源は、現在の回転寿司店で提供されるような握り寿司ではなかった。現在の寿司のように酢を用いたものではなく、「なれずし」といって、魚や獣肉、野菜などを塩と米飯で乳酸発酵させたものであった。酢ではなく乳酸発酵によって酸味が生じるもので、これが本来の寿司の形である。

なれずしの発祥は古く、弥生時代に稲作が到来したときからすでにつくられていたという説がある。平安時代の『延喜式《えんぎしき》』には西日本の調《ちょう》として、フナ、アユ、アワビなどのなれずしが朝廷に貢納されていたことが記されている。冷蔵技術などなかった古代に、魚や肉、野菜などの食材を保存する知恵として生まれたものである。

最初は、発酵によって溶解した米飯の部分は取り除き、魚の部分だけを食べていたが、やがて、発酵が進んでも米飯の原型をとどめているものは飯も一緒に食べるようになった。

なれずしの最初と思われるものは、近江のフナずしで、奈良時代にはすでにつくられていたことが、発掘された木簡に記されている。

江戸前の握り寿司や巻き寿司、押し寿司などが出回ったのは江戸時代で、それまで日本人は長いこと、この魚を発酵させたなれずしを食べていたのである。

現在のように、鯖《さば》を塩と酢でしめてひと晩寝かせてつくる鯖寿司が家庭でつくられるようになったのは江戸時代からのことで、京都が発祥である。

当時、海から遠く離れた京の都では魚が手に入りにくかった。そこで、日本海側の若狭《わかさ》地方で水揚げされた鯖にひと塩してから、若狭街道を一昼夜寝ずに歩いて運んだという。そこで、この若狭街道を鯖街道という。起点の若狭の小浜《おばま》から終点の京都の出町まで約八〇キロの道のりであった。鯖は傷みが早いので、塩をして鯖街道を歩くと、京都に着くころにちょうどいい塩加減になったという。そこで、京都の庶民は、ちょうど塩加減がととのったこの塩鯖を、さらに酢でしめて味をととのえ保存がきくように棒寿司にした。

この棒寿司が鯖寿司で、京都の庶民は、祭りなどのハレの日には、必ず鯖寿司をつくって祝ってきた。その風習はいまも変わらない。各家庭でつくる鯖寿司にはそれぞれの家庭の味がある。いわば京都の「おふくろの味」でもある。

【「いづう」へのアクセス】
京阪「祇園四条」駅下車、徒歩５分。

鯖寿司。ハレの日の御馳走として庶民に愛されてきた

祭りの日にはどの家でも鯖寿司をつくり、それを子どもたちが近所の家におすそ分けに配りに行き、お駄賃をもらうのも楽しみの一つだった。

庶民に愛されてきた鯖寿司を商品として売り出して世の中に広めたのが、鯖寿司発祥の店として知られる「いづう」である。

「いづう」は天明元年（一七八一）の創業で、二〇〇年以上の歴史を誇る。初代の創業者であるいづみや卯兵衛《うへえ》が、ハレの日の御馳走として京都庶民に愛されてきた鯖寿司に着目して、店を構えて売り出したところ、大評判になったという。いづうはいまも変わらず代々にわたって、京都祇園に店を構え、伝統の味を守り続けている。

いもぼう
天皇も喜んだ逸品が生まれたわけ

「平野家本家」

京都の料理は、公家や上流階級が好むような、素材の味を活かした薄味の上品な料理というイメージが強い。だがそれだけでなく、京都では江戸や大坂のように海が近くにないため新鮮な海産物が手に入らないので、地元の野菜や干物などの保存食を用いて逸品をつくり出すワザが発達した。

その代表ともいえる料理が「いもぼう（芋棒）」である。いもぼうは京都で昔からつくられてきた料理で、正月のおせち料理の一つでもある。材料は海老芋と棒鱈《ぼうだら》だけ。京都人は、地元の野菜と保存食の干物だけで、ハレの日の料理であり天皇も喜ぶ逸品を生みだしたのである。

いもぼうにつかわれる食材を見てみよう。海老芋は京都で生まれた京野菜で、里芋の一種である。海老のように反り返った形状と、表面に横縞があるところが海老のように見えることから、この名前がついたという。

棒鱈は、真鱈《まだら》の干物のことで、鱈は日持ちしないので古くから保存食として加工されてきた。

北海道でとれた真鱈を塩も振らずに二ヵ月以上かけて天日干しして乾燥させたものである。

他の干物とは違って文字通り棒のように硬いので、一週間近く水につけて、水をこまめに取り替えながら戻してやわらかくしてから、煮物などに使う。北前船《きたまえぶね》によって北海道の棒鱈が京都に運ばれて、京料理につかわれるようになったが、東北地方の山間部の夏の保存食としても、また北九州でも祭りの日に食されるという。

いもぼうはまずは、棒鱈を水で戻すことから始まる。一週間かけてやわらかくなったら、海老芋と一緒に出汁に砂糖、醬油を加えて一日以上かけて炊き上げる。

煮崩れしやすい芋と、煮えにくい棒鱈は、普通は一緒には煮ないが、一緒に煮ることで、海老芋から出るアクが棒鱈をやわらかくし、棒鱈のニカワ質が海老芋の煮くずれを防ぐという。海老芋と棒鱈という組み合わせは質素で意外であるが、きめ細かくふんわりとした芋の食感に、旨みが凝縮された棒鱈が加わり、まさに上品で滋味溢れた京の味になる。

では、いもぼうはいつ誰が生みだしたのか。江戸時代の中期、元禄から享保にかけて、粟田青蓮院宮《あわたしょうれんいんのみや》に仕えた平野権太夫《ひらのごんだゆう》は、御料菊園や野菜の栽培を任されていた。あるとき、宮が九州行脚の折に持ち帰った唐の芋を育てたところ、京都円山《まるやま》の地に合い、海老に似た見事な芋ができたので、これを海老芋と名付けたという。

御所には各地からの献上品が集まるが、北方からの献上品に棒鱈があった。海産物が乏しい当時の京都では棒鱈は貴重品であった。

　権太夫はこの棒鱈を使った料理をいろいろと工夫していたが、前述の様に独自の調理法で海老芋と炊き合わせてみたところ、とても相性が良く、芋はふっくらとやわらかく、鱈は生臭みが消えて旨みが出て、とてもいい味に仕上がった。青蓮院宮さまもとても喜ばれたという。

　そこで宮家を退いて、平野家の屋号を賜り、現在の円山公園内にいもぼうの店を開業した。その後、約三〇〇年にわたって、平野家ではいもぼうのつくり方を、一子《いっし》相伝《そうでん》の秘法として、口伝で大切に継承してきた。以来、平野家はいもぼう発祥の店として全国にその名を知られるようになり、円山公園を訪れる人は、平野家のいもぼうを食するようになった。

　また、宮中でも絶賛されたその味は、文人墨客にも愛され、文豪・吉川英治や川端康成がたびたび食しては称賛したという。

　手間暇かけてつくる京料理は、素材同士のいい性質を引き出して作用し合い、絶品となる。京都人の料理の知恵とワザが生んだ逸品である。

平野家本家の「いもぼう」。地元の野菜と先人の知恵から生まれた絶品の料理

円山公園。四季折々の美しさが楽しめる。桜の名所としても知られる

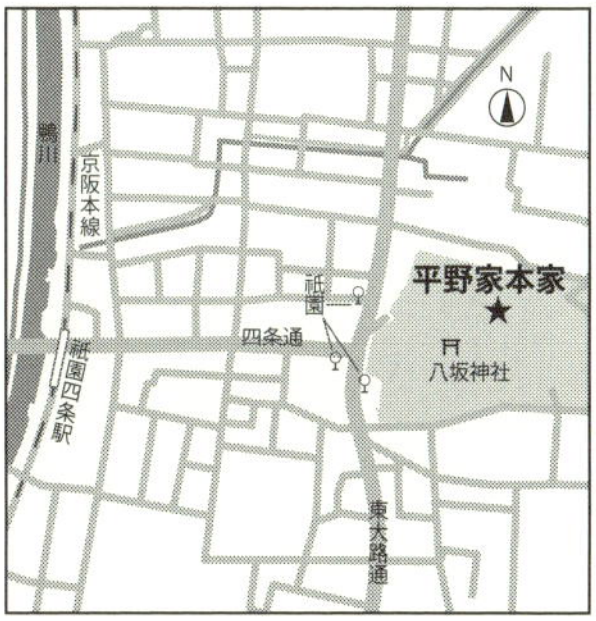

【平野家本家へのアクセス】
京阪「祇園四条」駅下車、
東に徒歩10分。または市バスで
「祇園」下車、徒歩３分。

湯葉

最澄が天台宗の教えとともに持ち帰ったもの

比叡山延暦寺

惣菜や鍋料理、吸い物などに使われる湯葉《ゆば》は、歴史が古く、八〜九世紀の唐の時代の中国で生まれたといわれる。大豆の搾り汁（豆乳）を凝固剤で固めたものが豆腐だが、豆腐をつくるときにできた副産物であったと思われる。大豆を搾ってできた豆乳を加熱した際に、表面にできる薄い膜を竹串などで引き上げたものである。

日本に伝えられた時期については諸説あってはっきりしないが、肉食を禁じられていた中国の僧侶たちが、豆腐や湯葉を食していたものが、唐に留学していた日本の僧侶によって伝えられたとされる。

その時期は平安時代とも鎌倉時代ともいわれるが、中国に渡った僧侶が豆腐や湯葉を持ち帰り、京都の寺でつくり始めたのが発祥だといわれる。肉を食べられない僧たちにとって、大豆を原料とする湯葉は貴重なたんぱく源で、京都の寺院を中心にしだいに広まり精進料理や懐石料理には欠かせない食材となった。

一説には、最初に日本に伝えられたのは、比叡山延暦寺《ひえいざんえんりゃくじ》の開祖である最澄《さいちょう》が、唐に渡った際に天台宗《てんだいしゅう》の教えとともに持ち帰ったという。九世紀のはじめのことである。そこで、京都市と滋賀県大津市の間に位置する比叡山延暦寺が日本の湯葉の発祥地であるという。

比叡山麓の坂本《さかもと》には、延暦寺の僧侶たちが湯葉のつけ焼きを食べていたことを歌った里歌が残されている。

比叡山で始まった湯葉づくりは、日光の輪王寺《りんのうじ》や身延山《みのぶさん》にも伝えられて、それらの門前町でもつくられるようになった。いまでは京都の湯葉とともに、日光や身延町の湯葉も名産として全国に知られる。

湯葉は生湯葉は生のまま料理の材料にしたり、刺身のように食べる。乾燥湯葉は保存食として貴重な食材である。文政二年（一八一九）に出版された当時の料理の本には生湯葉、東寺湯葉、揚げ湯葉などを使ったさまざまな料理のレシピが記されており、江戸時代の頃には精進料理としてかなり出回っていたことがわかる。

京都の湯葉は引き上げるときに一枚なので薄いが、日光の湯葉は二つ折りになるように引き上げるため二枚重ねでボリュームがある。また、京都の湯葉は生湯葉か自然乾燥させたものだが、日光の湯葉は生湯葉または油で揚げたものが多い。

湯葉の特徴はそのなめらかなとろりとした食感と、きわめて豊富な栄養にある。畑の肉といわれるほど、良質なたんぱく質やビタミン類、微量栄養素が含まれているので、いまでも貴重な食材として人気が高い。

寺院が多く、茶の湯が発達した京都には、精進料理や懐石料理に使われる食材や料理が生まれて、多彩な食文化を築いてきたのである。湯葉もその一つである。

生湯葉。精進料理や懐石には欠かせない

比叡山延暦寺。湯葉は僧侶たちの貴重なたんぱく源であった

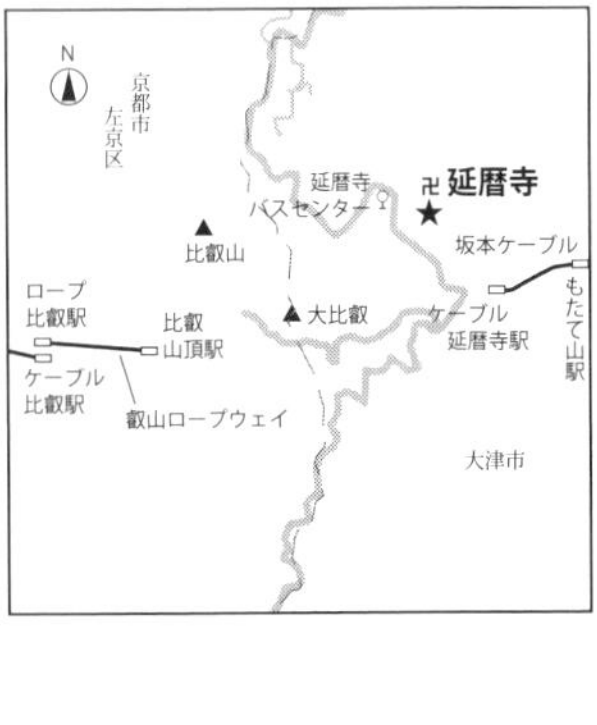

【アクセス】
坂本ケーブルで「延暦寺」駅下車、徒歩8分。または市バスで「延暦寺バスセンター」下車、すぐ。

饅頭
中国から伝わり京都で人気を博して

饅頭屋町

日本の和菓子の歴史は古く、『古事記』や『日本書紀』の時代までさかのぼる。はじめは果物や木の実であった。やがて六世紀になって、中国から仏教が伝わった際に、菓子も伝えられたという。

奈良時代になると、遣唐使によって大陸文化がさかんに輸入されたが、このときに唐の菓子も入ってきて、寺社の儀式に使われたり、平安時代には宮中や貴族の宴卓に供されたりした。和菓子の歴史はこの頃から平安京で始まったといえる。

その後、鎌倉・室町時代になって茶の湯が発達すると、和菓子は茶の湯と深い関わりを持つようになり、京都独特の京菓子もつくられるようになっていった。

饅頭《まんじゅう》は和菓子の代表的なもので、小麦粉などを練った皮の中に小豆あんなどを入れて蒸した菓子で、これも中国のマントウが伝えられて独自に変化を遂げたものである。

現在では、酒饅頭、茶饅頭、水饅頭、麩饅頭、もみじ饅頭、よもぎ饅頭など全国各地にさまざまな名物の饅頭があり、その地方の土産物として販売されている。祝い事に用いられる高級な饅頭から、庶民的な温泉饅頭まで、日本ではもっともポピュラーな和菓子といえよう。

饅頭の日本での起源にはいくつかあり、一つは、中国の南宋にわたった臨済宗の僧・円爾《えんに》が、仁治《にんじ》二年（一二四一）に福岡の博多で承天寺《じょうてんじ》を創建し、この地の茶屋の主人に饅頭のつくり方を伝授したという。

もう一つは、貞和《じょうわ》五年（一三四九）に建仁寺の龍山徳見《りゅうざんとくけん》という禅僧が宋から帰国したときに、林浄因《りんじょういん》という中国人が随行してきた。浄因は、肉食ができない僧侶のために、中国のマントウをヒントにして、あんを入れて蒸し上げた饅頭をつくって提供したところ、僧侶をはじめ寺に集まる武士や公家にたいへんな評判になったという。

そこで、林浄因は奈良に住まいを構え、饅頭づくりを始めた。これが現在、東京に本店を構える和菓子の老舗・塩瀬《しおせ》のはじまりである。

浄因の饅頭は、その後、浄因の子孫が奈良の林家と京都の林家に分かれて店を構えて売り出した。ところが、京都は応仁元年（一四六七）に応仁の乱が勃発し焼け野原になった。そこで、林家は親戚だった豪族の塩瀬家を頼り、名前も塩瀬に改めた。

応仁の乱の後、再び京都に戻り、現在の烏丸三条《からすまさんじょう》通下ルに店を構えて饅頭を売り出すと、塩瀬は大繁盛。当時の後土御門《ごつちみかど》天皇に献上したところ、たいへん喜ばれ、また八代将軍足利義政《あしかがよしまさ》より

【饅頭屋町へのアクセス】
地下鉄烏丸線・東西線「烏丸御池」下車、徒歩約３分。

「本饅頭」。徳川家康ゆかりの銘菓で、あっさりした甘さ、上品な口あたりが魅力

「日本第一番　本饅頭所　林氏塩瀬」と書かれた看板を賜った。この塩瀬の店があった辺りは、塩瀬の饅頭にちなんで「饅《まん》頭屋町《じゅうやちょう》」と名付けられ、現在も存在している。

その後も京都の塩瀬は饅頭づくりを代々引き継ぎ、その味は天皇家にも、明智光秀、豊臣秀吉、徳川家康などの武将たちにも愛されたという。

こうして京都の塩瀬は繁栄して一九代続いたのち、寛政一〇年（一七九八）に廃業し、京都から塩瀬はなくなってしまったが、現在は東京に分家した店が、塩瀬総本家を名乗って創業時以来の本饅頭の味を守り続けている。

饅頭は中国からわたってきた林浄因が奈良でつくり始めたわけだが、本格的に店を構えて売り出したのは、京都の饅頭屋町。町の名になるほどであるし、宮中御用達となって宮中にも出入りし、時の将軍足利義政から「日本第一番　本饅頭所」という看板を賜った京都の塩瀬が発祥といえるであろう。

みたらし団子

下鴨神社発のトリビア満載

下鴨神社

団子《だんご》は、米などの粉を水やお湯でといてねったものを、小さく丸めて蒸したりゆでたりしたものである。月見団子、花見団子、白玉団子などさまざまな種類があり、庶民に古くから食されてきた。

その起源は、中国から遣唐使が持ち帰ったものだといい、最古の「団子」の記録は平安時代の随筆に登場するものであるという。

この団子のなかでも、串に刺した白く小さい団子を焼いて、醤油と砂糖の甘辛いたれをつけたものを「みたらし団子」という。「串団子」「醤油団子」ともいい、庶民的な和菓子として全国どこでも扱っているし、歩きながら気軽に食べることができるので、夏祭りなどの屋台でも売られている。串に刺す団子の数は関東は四個が多いが、関西では五個、あるいはそれ以上もある。

ではなぜ、団子を四～五個、串に刺して焼くみたらし団子ができたのだろうか。なぜ「みたらし」という名がついたのだろうか。

この団子の起源は、じつは京都の下鴨神社《しもがも》にある。みたらし団子は漢字で書くと「御手洗団子《みたらし》」で、京都の下鴨神社の御手洗祭にちなんでこの名がつけられたという。

「御手洗」とは神社の社頭にあって、参詣者が手や口を清めるところで、神社は手水場《ちょうずば》を設けているがかつては自然の川も利用した。

下鴨神社の本殿東側には御手洗川が流れており、境内の御手洗池には御手洗社が建つ。毎年七月の土用丑の日に、御手洗池に足をつけると無病息災の御利益があるといわれ、毎年この日には大勢の参詣人が訪れて、御手洗池にひざまでつかって祈願する。これが御手洗祭で、古くは平安時代から行われていたという。

現在は賀茂川改修後の水位低下で御手洗池は枯れかけたが、地元の人たちによって復活されている。かつては社殿の下には年中尽きることない湧水が溢れており、御手洗川を流れて糺の森《ただす》（一一三頁参照）に注いでいた。

そこで、御手洗祭に神社を訪れる大勢の参詣客を目当てに、境内に串団子を売る店が登場して、御手洗祭の名物となった。

この串団子を御手洗団子と呼んだ。この店は「加茂《かも》みたらし茶屋」といい、現在、神社近くに茶屋を営業している店がみたらし団子発祥の店だという。

このみたらし団子は串に五個の団子を刺すが、一番上の団子が少し大きく、他の四個との間が

【加茂みたらし茶屋へのアクセス】
市バスで「下賀茂神社前」下車すぐ。あるいは叡山電鉄「出町柳」駅または「元田中」駅より徒歩約15分。

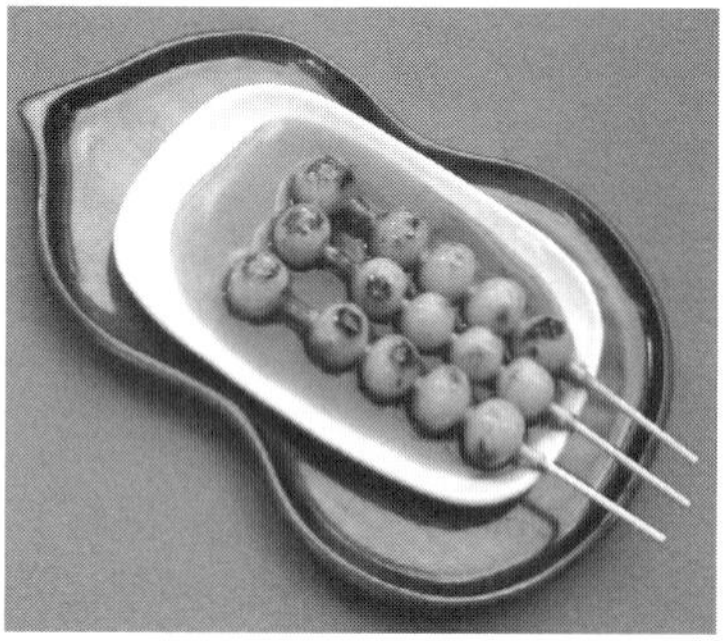

加茂みたらし茶屋の名物「みたらし団子」。串に刺さった団子が人の体を表す

少し空けてある。これは串に刺さった団子が人の体を表しているからで、一番上は頭、残りの四個は四肢を表すからだという。

また別の説では、鎌倉時代に、後醍醐《ごだいご》天皇が下鴨神社に行幸された折、御手洗池で水をすくおうとしたところ、まず泡が一つ浮き上がり、やや間をおいて四つの泡が浮き上がった。天皇は下鴨神社を篤く信仰し、御手洗池の水を体につけると健康長寿の御利益があると信じていた。そこでこの泡を見て、これは健康長寿に吉の兆しであると喜ばれた。

そこで、その泡を模して、竹串の先に一つ、やや間を空けて四つの団子を刺して、みたらし団子とするようにと境内の茶屋にお命じになり、つくらせたという。

みたらし団子は、下鴨神社が発祥地で、人の体を表したもの、あるいは健康長寿を祈願したという、深い謂《いわ》れがあったのである。

フランスパン

京都人の〝新しモン好き〟な精神が生んだ

進々堂

京都人は古いものや伝統を大事にするかたわら、〝新しモン好き〟といわれる。食に関しても和食のイメージが強いが、じつは京都人はパン好き、コーヒー好きである。東京から移ってきた筆者の知人の奥さんが、京都に暮らしてみて驚いたのは、パン店と戦前から続いている名物喫茶店の多いことだと言っていた。

実際に平成二〇～二二年（二〇〇八～二〇一〇）の総務省の家計調査によると、京都市はパンの年間購入量が全国一位。平成二二～二四年（二〇一〇～二〇一二）は神戸市についで二位である。

市内のほぼ中央を通る今出川《いまでがわ》通は、通称〝パンストリート〟と呼ばれているほど手作りのパン店が多く、烏丸《からすま》通から西大路《にしおおじ》通までの約二・七キロの間にパン店が軒を連ね、テレビのグルメ番組でもよく取り上げられている。

なぜ京都にパン食文化が生まれたのか。理由の一つは、先に触れた京都人の新しモン好きで反骨、合理的な気質からだといわれる。さらに、京都には小さな家内制手工業の店が多いからだという。パンストリートの界隈はもとは西陣織《にしじんおり》（一三一頁参照）の産地であった。着物産業が低迷したため、現在は西陣織の産地は減ってしまったが、織物業が全盛だったころは、家内制手工業の小さな店や工場がたくさんあった。職人たちは多忙なため、朝食や昼食は、仕事をしながら片手でも手早く食べることができるパン食にしたのだという。パンといえば、コーヒーがつきもので、コーヒーの購入量も京都市は全国三位である。

そして京都で手作りパン店といえば、知らない者などないのが進々堂《しんしんどう》である。市内に一二店があり、焼き立てのフランスパンやデニッシュをはじめ手作りのパンを売り、併設してレストランやカフェもある。豊富なメニューと焼き立ての味が人気の老舗だ。

さて、この京都人になじみ深い進々堂は、じつは日本人によって初めてフランスパンの製造販売を行った店。店頭に進々堂の歴史を綴った資料がある。それによると、進々堂は大正二年（一九一三）の創業で、創業者の続木斉《つづきひとし》は詩人でクリスチャン。若いころに内村鑑三《うちむらかんぞう》の門下生であった。同じ門下の友人久次郎《きゅうじろう》の妹と結婚。その友人がパン屋を開業したが、体を壊したため続木が店を引き継いだのが始まりである。

やがて店は大繁盛し、経営も軌道に乗った。そこで詩や芸術を愛し西洋文化に傾倒していた続木は、フランスパンの製造技術と西洋文化を学ぶため、まず京都大学でフランス語を学んだ後、日本人初のパン留学生としてパリに渡った。大正一三年（一九二四）のことである。二年後に帰国すると、京都でさっそくフランスパンの製造を開始したが、気候も素材も違う京都で本場の味を再現するのは困難を極めたという。

納得のいくパンができるまで諦めずに試作を続けたので、できそこないのパンが山を成したという。そんな苦労の末に完成したのが、パリッと香ばしく皮が焼けたフランスパンであった。この焼き立ての香ばしさが新しモン好きな京都人に受けて大評判となったのである。

しかし、当時すでに東京築地ではスイスのチャーリー・ヘスが明治七年（一八七四）に開業したチャリ舎が、フランスパンを製造販売していた。また、フランス人の司祭ペトロ・レイが設立した小石川関口教会付属聖母仏語学校製パン部が、明治二一年（一八八八）にフランスパンの製造販売を開始していた。これが大正三年（一九一四）に関口フランスパンとなる。

では東京のほうが早いのでは？　と思われるかもしれないが、どちらも外国人による創業・経営であった。日本人がフランスで学んでフランスパンを製造販売したのは、京都の進々堂が日本初なのである。

北白川の京都大学北門前に、昭和初期のレトロでモダンな建物のカフェがある。昭和五年（一九三〇）にオープンした京都初とされているフランス風喫茶店「カフェ進々堂　京大北門前」で、ここには良き昭和の時代のノスタルジーが溢れている。かつては著名な文豪や学者たちが足しげく通って議論に熱中したという。

【進々堂 京大北門前店へのアクセス】
京阪本線・叡山電鉄「出町柳」駅下車、東に徒歩13分。

「レトロバゲット“1924”」。創業者の思いと高度な技術が結集した人気の一品

続木には、パリに留学した際に目にしたカルチェ・ラタンの光景を京都の町につくりたい、という夢があった。常に学生やアーティストたちがカフェで語り合うカフェ文化を京都に普及させたかった。続木こそ、新しモン好きの京都人であった。

そこで京都大学北門前にパリのカフェの家具や調度を模して、京都初のフレンチカフェをつくったのである。それから八〇年が経ったが、いまも京大前の進々堂は京大生の語らいの場として、またこの店のファンに愛される店としてにぎわいをみせている。

「我はパン造りなれば今日も　よきパンと共に出でて世に働かん」

これは続木斉の詩『真実の生活』に綴られた言葉である。丹精込めたパンづくりで社会に奉仕しようという続木の精神は、一〇〇年に及ぶ進々堂の歴史を支えてきたのである。

湯豆腐
京の清涼な水から生まれた精進料理

南禅寺

京都は豆腐が旨い。嵯峨嵐山《さがあらしやま》、南禅寺《なんぜんじ》、清水《きよみず》、祇園《ぎおん》には豆腐料理の老舗や名店が多く、湯豆腐や豆腐料理が人気になっている。

そもそも豆腐はいつ頃から日本で食されているのだろうか。豆腐の発祥は中国である。日本に伝わったのは、これも諸説あって明らかではないが、奈良時代から平安時代にかけて中国に渡った遣唐使の僧侶たちによって伝えられたといわれている。

豆腐が文献に初めて登場するのは平安時代末期の寿永二年（一一八三）、奈良春日大社《かすがたいしゃ》の神主の日記に、供物として「唐符《とうふ》」という文字が記されている。これが最初の記録といわれ、平安時代には豆腐がつくられていたことがわかる。

当初は寺院の僧侶の間でつくられる、精進料理の重要な食材であった。肉を口にすることができない僧侶たちにとって、豆腐は貴重なたんぱく源で精進《しょうじん》料理に欠かせなかった。味噌汁の具や冷奴はもちろん、ほかにも揚げ豆腐、高野豆腐、湯葉などに加工して使った。

江戸時代に出版された『精進料理献立集』には精進料理のつくり方が載っているが、この献立の約九割が豆腐を使用したものである。

さて、現在、湯豆腐も京都には老舗が多い。とくに左京区の蹴上《けあげ》近くにある臨済宗南禅寺派大本山の南禅寺周辺には湯豆腐専門の老舗・名店が並ぶ。

湯豆腐の発祥はこの南禅寺で、寺の参拝客に提供した精進料理がはじまりだという。やがて寺の参道周辺に精進料理を提供する店が多数できていき、湯豆腐の専門店も多数登場した。

南禅寺は、鎌倉時代の正応《しょうおう》四年（一二九一）に亀山《かめやま》法皇が無関普門《むかんふもん》を開山として創建した寺。日本最初の勅願禅寺《ちょくがんぜんじ》で京都五山と鎌倉五山の上に置かれ、禅宗寺院で最も格式が高い寺である。盗人の石川五右衛門《いしかわごえもん》が南禅寺の三門に上って京都の町を一望し、「絶景かな絶景かな……」と言う歌舞伎の名場面で知られる。南禅寺の三門はそれほど壮大な造りである。南禅寺が創建されたのが鎌倉時代後半であるから、鎌倉時代から室町時代にかけて、門前に湯豆腐が登場したようだ。

なぜ南禅寺界隈に湯豆腐が登場して盛んになったのか。詳しいことは明らかではないが、豆腐をつくるには清浄な水が欠かせない。南禅寺や嵯峨嵐山近辺は水が豊かで恵まれていたからではないか。そして、京都五山・鎌倉五山の頂点に列する格式高い禅寺であるから、参拝客も名だたる武将から庶民まで非常に多かったので、湯豆腐でもてなす必要性があったのではないか。現在は「奥丹《おくたん》」、「順正《じゅんせい》」などの老舗が昔の面影を偲ばせてくれる。

京を代表する料理「湯豆腐」。南禅寺で寺の参拝客に提供したのがはじまりという

南禅寺三門。日本三大門の一つとされる

【南禅寺へのアクセス】
地下鉄東西線「蹴上」駅下車、徒歩10分。

2章

「暮らし」の発祥物語

トイレ
一〇〇人が用を足せる壮大な施設

東福寺

暮らしに関するさまざまな事物の起源を探っていくと、トイレのルーツが気になってくる。人類が生まれてからこの方、食べることと同じくらい排泄は大事なことだったからだ。毎日の暮らしは口から入れて、出すことで成り立っている。

古代、日本人はどのようなトイレを使っていたのだろうか。先史時代のトイレは遺跡の発掘によって次第に明らかになりつつある。縄文時代前期の福井県鳥浜《とりはま》貝塚の遺跡から、湖に杭を打って桟橋をつくりここで排泄した跡が発掘され、これが水に流す「川屋」「厠《かわや》」、つまり水洗トイレのはじまりと推測されている。

また青森県の三内丸山《さんないまるやま》遺跡の遺物から、遺跡北部にある谷間がトイレとして使用されていたこともわかった。さらには奈良県橿原《かしはら》市にある飛鳥時代の都・藤原京の建物の遺跡からは、汲み取り式の便槽《べんそう》の遺構や水洗式の溝の跡などが発掘されている。

平安時代になると、京都の貴族は木桶《きおけ》を使用していたが、貧しい一般庶民は野外で用を足していたようだ。老若男女が一ヵ所で排泄している絵が、平安末期から鎌倉時代初期の絵巻物『餓鬼《がき》草紙《そうし》』に描かれている。その後、鎌倉・室町・戦国時代となると、各地の寺院や武士、公家、商家の屋敷などでは、土抗や埋桶《うめおけ》、甕《かめ》などのトイレが使用された跡が残っている。

これらは現代のトイレには及びもつかない簡素な造りだが、古くから日本人は汲み取り式と水洗式のトイレをちゃんと使用していたのである。中世の西洋のトイレ事情と比べると、日本のトイレははるかに衛生的だったのである。西洋ではおまるに用を足して、中が汚物でいっぱいになると、家の窓から外へ平気で捨てていたという。ヴェルサイユ宮殿にはトイレが少なく、大勢の貴族たちは、宮殿の庭や館の隅で平気で用を足していた。

このように、日本のトイレの起源は先史時代であるが、当時の物は現存せず、発掘された遺構から想像するのみである。

そこで、現存する日本最古のトイレはどこにあるかを探ってみると、やはり一二〇〇年の歴史を誇る京都にあった。京都の名だたる禅寺で紅葉の名所として知られる東福寺《とうふくじ》にあったのだ。

東福寺は東山の東南端、伏見《ふしみ》との境に位置する臨済宗の大本山である。鎌倉時代半ばの嘉禎《かてい》二年（一二三六）、摂政だった九条道家《くじょうみちいえ》が、巨大な大仏を安置するための寺院として建立を発願し、建長七年（一二五五）に完成させ、京都五山の第四位の禅寺として中世から栄えた。

ここには国宝の三門をはじめ重要文化財の開山堂《かいざんどう》、禅堂など貴重な建物があるが、そのほかに現存する日本最古のトイレの建物がある。室町時代に建設された貴重なものでトイレでは初めて国の重要文化財に指定された。

切妻造り、桁行三五メートル、梁間一四メートルもあり、格子状に窓もある外観は、とてもトイレとは思えない立派な建物である。これは東福寺で修行した禅僧たちのトイレで、「東司《とうす》」と呼ばれた。「東司」とは、禅寺の東側にあるトイレのことで、西側にある場合は「西浄《せいちん》」といった。

東司の中に入ると、中央に広い土間があり左右にたくさんの穴が開いていて、それぞれに陶器の壺が二列に計七二個並んでいる。仕切りはなく禅僧たちは一〇〇人くらいが並んで用を足したという。

当時の禅寺では東司を使うことも禅僧の修行の一つで、使い方にも厳しい作法が決められていた。東司内部に当時の様子を描いた絵と説明書きが展示されている。その東司の作法とは、おおむね次のようである。

①法衣《ほうえ》を脱いで丁寧に畳み、黄色の土団子を用意する。②右手に水桶を持ち、厠の前でわらじに履き替え厠にのぼって壺の上に蹲居《そんきょ》して用を足す。このとき決して汚したり、笑ったり、歌ったり、つばを吐いたりしてはいけない。③用がすんだら、ヘラで拭き、右手で水を散らさないように壺を洗う。④手洗い所に行き手を三度洗う。⑤ついで灰で三度、土団子で三度、サイカチ（植物の葉）で三度洗い、その後も水や湯で手を洗う。

じつに細かく規定されていて、清潔さを保つことに神経を遣っていたことがわかる。清潔に暮らすことは、京都の禅寺の厳しい修行の一つであったのである。

この東司から出る禅僧たちの排泄物は、京都の農村に売られ、京野菜をつくる肥料として使われた。寺にとって貴重な現金収入になったという。京都の寺は、衛生的なうえ、排泄物も無駄にしないリサイクル精神も行き届いていたのである。

東福寺の東司。禅宗式の便所で、通称百雪隠（ひゃくせっちん）と呼ばれる

東福寺の三門。禅宗寺院としては日本最大・最古の国宝である

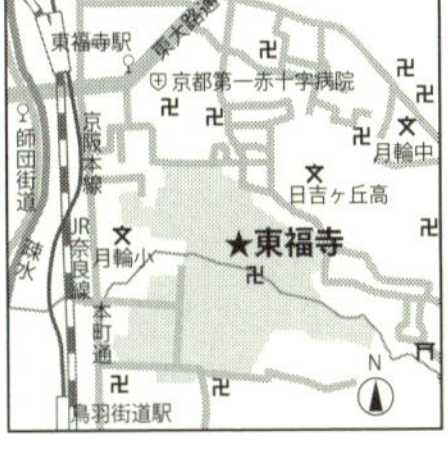

【東福寺へのアクセス】
ＪＲ奈良線・京阪本線「東福寺」駅下車、南東へ徒歩10分。

公衆トイレ
観光シーズンには「貸しトイレ」まで出現

嵐山ほか

古代から江戸期にかけて貴族や武士の屋敷、寺院や神社など大きな建物には、木桶や壺などを用いた汲み取り式や水洗式のトイレがあったが、一般庶民はトイレがなくて野外で用を足すことも多かった。

では、公衆トイレが日本で初めて設置されたのはいつだろうか。

江戸時代になると、農村では農作物の肥料として町民のし尿を使うようになり、し尿がけっこうな値段で取引されるようになった。そのため、江戸庶民の長屋では共同トイレが設けられ、尿を収集して農村に売り歩く商売も登場した。この長屋の共同トイレが公衆トイレの役割を果たしていた。ゆえに江戸の町は排泄物の垂れ流しがなく、世界でも稀《まれ》な清潔な町であったといわれる。

では、この江戸の長屋の共同トイレが公衆トイレの起源なのか。

じつは、江戸時代よりも早く、京都に公衆トイレがお目見えしているのだ。京都の町は碁盤の目状につくられているので、室町時代には町を自衛するために、四辻ごとに頑丈な木戸門をつくるようになった。その木戸口に町の共同トイレ「辻便所」が置かれたのだ。永禄八年（一五六五）に京都に来たポルトガルの宣教師ルイス・フロイスは、京都の町の公衆トイレを見てびっくりしたと伝えられる。当時のヨーロッパには公衆トイレなどなく、家のトイレは人目につかない場所につくられた不衛生なものだったのに対して、京都の町には、辻ごとにトイレが設けられて、すべての人に開放されていたからだという。西洋に公衆トイレができたのは、これより三〇〇年後のことであったから、京都の庶民は世界一清潔であったのだ。

江戸時代になると、辻便所は江戸の町より早く、さらに京都の町に普及していった。幕末の随筆『守貞漫稿《もりさだまんこう》』には、「京都には尿桶が道のあちこちに置いてあって人々はそこに排泄するが、江戸には少なく、昼間から往来の真中で用を足していた」と記されているから、江戸の町が清潔になったのは、江戸時代も後期のことであろう。

さらに京都には、江戸期に観光客目当てに有料の貸しトイレを提供する者が登場するから面白い。江戸時代の心学者柴田鳩翁《しばたきゅうおう》の『鳩翁道話』によると、嵐山を訪れる大勢の花見客のために、近くの農民が貸しトイレをつくり、一回三文で提供して大儲けしたという。この話は、上方落語の『貸雪隠《かしせっちん》』のもとになってもいる。

嵐山は京都でも名高い桜の名所で、江戸時代の庶民も花見に訪れるのが楽しみだった。大勢の花見客が押し掛けたが、そこで困るのがトイレである。庶民といえど、道端のあちこちで用を足すことに躊躇《ちゅうちょ》した。この話から、当時の京都では庶民や農民にも、野外で排泄することを嫌い、公衆トイレを使用する意識が浸透していたことがわかる。嵐山だけではない。京都の多くの寺社では、参拝客のため道筋に有料の貸しトイレを提供する者が登場したのである。

このように公衆トイレは京都がルーツといえるが、ここで横浜が起源だという説もあることを付け加えたい。石井研堂《いしいけんどう》が書いた『明治事物起原《めいじじぶつきげん》』に、公衆トイレは明治四年（一八七一）に横浜に設置されたのが最初だと記されているからだ。

この本は石井研堂が、明治になって西洋化が急速に進む日本に起きた事の起源を記したもので、本書の中に「明治四年一一月、横浜町会所の費用をもって町々の辻に八三箇所の共同便所を新設した。路傍に共同便所を設備するのは横浜が元祖である」と記されている。

横浜市史料によると、開港した横浜には大勢の外国人が訪れたが、当時横浜に住む庶民のなかには、路傍で排泄する習慣の者がまだまだ大勢いて、明治政府は外国人に対して恥ずべき行為だとして厳しく取り締まったという。しかし、この横浜のトイレは、現在のように市や国が管理する公衆トイレで、しかも『明治事物起原』に取り上げられているように、石井研堂が最初としたのは、明治時代の事物に限定されている。

明治時代に限定しなければ、公衆トイレは、中世の京都の町から始まったのである。昔から京都の町は清潔で、京都人は極めて衛生的であった。

銭湯
古都の住民は大の風呂好き

日本人は世界でも有数の風呂好きである。最近では温泉はもちろん、町中にあるスーパー銭湯は低料金で食事や酒もあり、一日楽しめるので家族連れで大人気である。

とくに京都には全国でも良好な銭湯が集中し、風呂好きが多い。一二〇〇年の都らしく、歴史ある銭湯や大正ロマンの建築、町家建築など歴史的遺産ともいえる銭湯も多く、なかには重要文化財に指定されている銭湯、落語会や大衆演劇、着物展示会などを開いている銭湯まである。

船岡山《ふなおかやま》近くにある船岡温泉は、入浴料が通常の四一〇円の普通の銭湯だが、建物は大正時代の建築で、脱衣所や浴場などが国の登録有形文化財に指定されている。文化財の風呂に入るなんて、さすがは京都である。

日本の風呂の起源はいつと明確にはいえないが、古代から人々は温泉や岩窟の蒸し風呂などを利用していた。『日本書紀』には、舒明天皇《じょめい》が六三一年に有馬《ありま》温泉に入ったことが記されているし、六七二年の壬申の乱で傷ついた大海人皇子《おおあまのみこ》は、京都八瀬《やせ》の釜風呂で傷を癒したと伝えられる。

この頃から天皇や権力者は温泉や風呂が好きだったようだ。

六世紀に伝来した仏教では、身を清める沐浴は僧侶の大切な修行の一つであり、七病を除去して七福が得られると奨励された。奈良時代になると、寺院は浴堂を設置して、僧侶だけでなく、病人や貧しい者、囚人たちにも施浴《せよく》を盛んに行った。聖武天皇の皇后であった光明《こうみょう》皇后が法華寺《ほっけじ》に浴堂をつくって一〇〇〇人の垢《あか》を流す施浴を行ったという話はよく知られている。

この施浴の習慣は鎌倉、室町時代になるとますます盛んになっていく。源頼朝は鎌倉山で一〇〇日間の施浴を行っている。将軍足利義政夫人の日野富子《ひのとみこ》は、毎年縁者を呼んで風呂を提供し食事をふるまって楽しんだという。この風呂ふるまいは、富裕な家や寺院で、盛んに行われた。

では、町中にあって庶民がお金を払って利用した有料の銭湯は、いつ、どこで始まったのだろうか。

やはり、京都だ。平安後期に中御門藤原宗忠《なかみかどふじわらのむねただ》が書いた日記『中右記《ちゅうゆうき》』には、宗忠が一条の湯屋に出かけて一日中そこで過ごしたことが記されている。この湯屋とは京都の一条にあった営業用の銭湯である。

また、やはり平安後期に書かれた『今昔物語集《こんじゃく》』には、東山の鳥辺野《とりべの》に、蒸し風呂の湯屋があったという記述があるという。鳥辺野は清水寺のある音羽山《おとわやま》の山麓一帯を指し、平安時代、ここは庶民の死体の捨て場所で、死者と最期の別れをするところだった。そんな場所に湯屋があったというのは、死体を捨てにきた遺族が利用したのだろうか。公家だけでなく庶民も利用したのであろう。

鎌倉、室町と時代が経つにつれ、銭湯は京都にさかんにつくられた。このころは娯楽場としての要素を強め、とくに応仁の乱の前後には「一条の風呂」「五条堀川風呂」などができて公家や庶民にも人気となった。

湯が沸くと銭湯では開店の合図の声を町中に響かせ、人々は湯銭を払って銭湯を楽しんだのである。裕福な公家は、一般庶民を除外して個人で銭湯を楽しむために、高い金を払って貸し切りにすることもあった。

江戸時代になると、ようやく江戸の町に銭湯が登場する。なんと、京都に遅れること五〇〇年である。『慶長見聞録《けいちょうけんぶんろく》』に天正一九年（一五九一）、伊勢出身の与一という者が銭瓶橋《ぜにがめばし》のたもとに銭湯を建てたと記されているのが最初である。江戸でも銭湯はまたたく間に庶民の人気となり、町ごとに銭湯がつくられるほどに広まっていった。

だが、京都人はすでに平安時代から銭湯を楽しんでいた。ごちそうや酒まで振る舞って一日遊ぶなど、スーパー銭湯の人気のルーツは京都にあったといえるかもしれない。

喫茶店

その歴史は寺の門前から始まった

東寺

「喫茶店《きっさてん》」というと、現在ではコーヒーを提供するカフェのことをいうが、かつては茶を飲むことを喫茶といい、喫茶店は茶を提供する茶屋のことであった。

茶屋は中世に街道が発達すると、茶や和菓子を提供する休憩所として、全国の宿場や峠などに登場する。江戸時代にこれらの茶屋は「水茶屋《みずぢゃや》」「掛茶屋《かけぢゃや》」といわれ、水茶屋のはじまりは京都の祇園社《ぎおんしゃ》内の二軒の茶屋と、北野天満宮前の七軒の茶屋だという説がある。

だが、これらの茶屋の原形は、京都の表玄関に建つ東寺の門前で、参拝客に茶湯を売って飲ませた「一服一銭《いっぷくいっせん》」である。

応永一〇年（一四〇三）に出された『東寺百合文書《とうじひゃくごうもんじょ》』には、東寺の南大門前に茶売り商人が店を出していたことが記されている。これが「一服一銭」で、当初は、東寺の縁日に、茶道具でお茶をつくって一杯一文で売ったという。この南大門前は交通の要衝で、いつも多数の通行人と参拝客でにぎわっていた。そこでその大勢の人を目当てに、茶を提供して儲けたのであった。北野

東寺南大門。この前に茶売り商人が店を出していたという

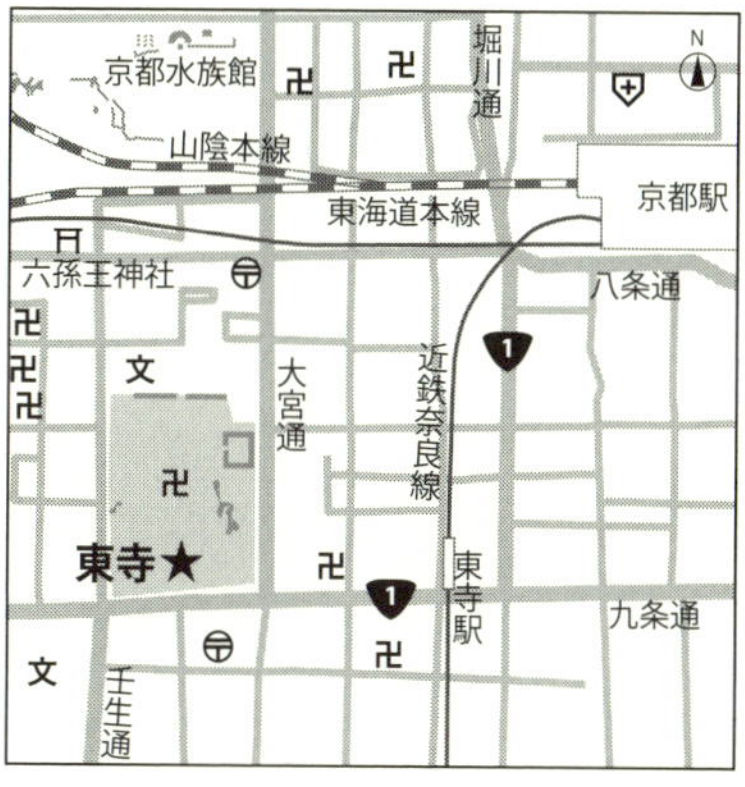

【東寺へのアクセス】
近鉄「東寺」駅下車、西に徒歩約10分。

天満宮前の茶屋は「上七軒《かみしちけん》」といわれ、現在は京都でも格式が最も高い花街《かがい》になっているが、上七軒ができたのが一四〇〇年代の半ばくらい。祇園社の「二軒茶屋」は江戸時代なので、一服一銭の登場のほうが早い。

東寺では現在も、祖師・空海が入寂した三月二一日を期して毎月二一日を縁日としている。この日には多数の露店がたち並ぶ市が門前で開かれ、「弘法さん」と呼ばれて親しまれているが、この市の始まりが「一服一銭」である。

そもそも日本で茶を飲むようになったのは、嗜好品ではなく薬としてであった。茶を喫する風習は唐から帰国した僧侶たちがもたらし、はじめ茶は貴族や僧侶など位の高い者だけが医薬品として飲んでいたのである。その後、鎌倉時代から南北朝時代にかけて、一般の者も茶を飲むようになり、室町時代になって喫茶の店が登場するわけだ。東寺の一服一銭のように、寺院の門前や境内、大通りなど参拝客でにぎわう往来につくられたが、喫茶店といっても店はすぐに畳んで移動できる簡素な出店であった。

一服一銭の「一銭」とは、代金のことではなく、喫茶に適した抹茶の量のことで、当時の一服一銭では煎茶ではなく粉の抹茶を提供していた。その様子は、室町時代中期の明応九年（一五〇〇）頃の『七十一番職人歌合絵巻』に描かれている。

中央卸売市場
「天下の台所」の第一号は……

京都市中央卸売市場第一市場

中央卸売市場とは、「卸売市場法」によると、生鮮食料品などの生産・流通の円滑化を図るため、都道府県や人口二〇万人以上の市などが農林水産大臣の認可を得て開設、運営する卸売市場のこと。全国の大都市に設置され、周辺地域の生鮮食料品の流通と卸売りの拠点となっている。

農林水産省の平成二三年（二〇一一）度の調査によると、全国には北海道から沖縄まで七二ヵ所があり、われわれの食生活の安心・安全を担っている。東京都には有名な築地市場をはじめ一一ヵ所に設置されていて、数としては全国で一番多い。次が福岡の五ヵ所、大阪は四ヵ所、神戸、広島、名古屋、横浜が三ヵ所、仙台、京都、鹿児島が二ヵ所である。

では、日本で最初に設置されたのはどこだろうか。国民の食の供給を守るための施設なのだから、やはり人口がもっとも多い東京だろう。いやいや、〝天下の台所〟といわれ、かつては全国の米を集めて流通させていた大阪だろう……と思う人は多いだろう。

ところがどっこい、京都であった。

昭和二年（一九二七）一二月一一日、全国の卸売業者の注目を浴びて、わが国最初の中央卸売市場第一市場が京都の朱雀分木町《すじゃくぶんきちょう》、ＪＲ山陰本線の丹波口駅近くに誕生した。東洋一の市場といわれたから、当時としては相当な規模であったろう。

では、なぜ京都に初の中央卸売市場ができたのか。なぜ東京ではなかったのか。

京都には中央卸売市場ができるまで、市内数ヵ所に江戸期から続く民営の問屋市場が散在していた。有名なのが錦《にしき》市場、七条市場、仏光寺《ぶっこうじ》市場などだ。これらの問屋は江戸時代からの特権や取引方法の因習をひきずっていた。問屋は組合を設けて冥加金《みょうがきん》を幕府に上納することによって売買独占の特権を与えられていた。仲買人を定めて鑑札を渡し、売買取引には、定めた仲買人以外は参加させなかった。

しかし大正時代になって人口が増え食料品需要が高まると、この古い問屋の流通機構ではまかないきれなくなってきた。また伝統的な売買の固執は非効率的で、問屋同士の営業競合から秩序や道義も乱れて倒産する者も増えてきた。そこで、問屋を一場に集中させて市場を統一させる気運が盛り上がってきたのである。

大正七年（一九一八）に米騒動が起き、全国の都市に騒動が波及すると食糧の安定供給の必要性が痛感されるようになった。そこで政府は大正一二年（一九二三）に「中央卸売市場法」を制定。京都市はこの動きを得て中央卸売市場の開設に向かって尽力し始めたのである。この過程で

京都市中央卸売市場第一市場。総敷地面積14万7192㎡を誇る

【京都市中央卸売市場へのアクセス】
ＪＲ山陰本線「丹波口」駅下車すぐ。

これまでの問屋市場の統合、合併問題や問屋（卸売人）を一つにまとめるのか複数にして共存させるのかという「単複問題」が持ち上がった。京都では卸売人を一つにまとめて株式会社にする方針をとったが、全国で激しい反対運動が起こった。

だが、京都市は方針を貫いて昭和二年（一九二七）に中央卸売市場開設を実現させた。東京に中央卸売市場が誕生するのは、京都に遅れること八年後の昭和一〇年（一九三五）、大阪は四年後の昭和六年（一九三一）であったから、京都の素早さは評価された。

卸売市場統一への気運はどの都市においても高まったわけだが、その実現においてとりわけ京都が早かったのはなぜだろうか。

それは、一二〇〇年の歴史を誇る古都でありながら、京都の社会が革新的でフロンティア精神に溢れていたからといえよう。東京や大阪では古い問屋市場の力が根強く、単複問題がこじれて解決までに時間がかかったのである。

京都の革新的な選択は以後、他の都市の模範となり、全国に中央卸売市場が続々と誕生していった。東京の築地市場は建設の際、京都をモデルケースとしたほどである。

京都市中央卸売市場は昭和四四年（一九六九）に食肉専門の第二市場を新たに開設。これまでの第一市場とともに市民の台所として食を提供している。

町内会

自治力が強い住民気質が生んだ

都会でも、かつては隣近所が親しいつき合いをしていた。子どもはその家だけでなく、近所の大人すべてが関わって育てた。回覧板を回して情報を伝え合い、一人暮らしのお年寄りは近所で助けた。町内会が祭りや花火大会、清掃などを行った。最近では大都会では近所づき合いが少なくなる傾向にあるが、一方で地域コミュニティを大事にしようという声も高まっている。

現在、町内会はその地域の住民の自治組織であり、親睦のためのイベントや祭り、冠婚葬祭の手伝いなどを行っている。加入は自由で、現在のように単身者や共働きの家庭が多くなると、加入しない者も増えている。

この町内会の起源は、昭和初期の戦時下で国によって組織されたもので、隣組もその一つだとされる。隣組は昭和一五年(一九四〇)に内務省によって制度化され、五~一〇軒で一組とし、銃後を守る住民の団結を促し、物資の配給や防空活動などを行った。隣組は戦後GHQによって解体されたが、その活動の一部が町内会に引き継がれている。

京都の町内会は他の都道府県と少し異なる。現在、「学区」という自治組織があり、町内会や自治会がその中に含まれている場合が多い。学区は、室町時代の自治組織であった「町組《ちょうぐみ》」や明治時代に初めて創設された六四校の「番組《ばんぐみ》小学校」から派生している自治活動組織である。

現在の京都市内の学区は戦後、小学校の新設や統廃合が進んだので、明治初期の六四の番組小学校による学区とは異なるので、最初の学区を「元学区」といって区別している。

室町時代、京都では道路をはさんで形成された町が集まって結成した自治組織を「町組」といった。いくつかの町組が集まって結合して上京、下京などの大きな町を形成した。天文五年（一五三六）、天文法華《てんぶんほっけ》の乱で町が焼き尽くされたため、町衆は自衛自治を固めた。天文法華の乱とは、比叡山延暦寺《ひえいざんえんりゃくじ》の宗徒が洛中の法華二一寺を襲撃した事件である。

そしてこの町組を引き継いだのが明治期の「番組」で、明治二年（一八六九）には各番組に一つずつ小学校を創設して、計六四の小学校が開校された。二組合同で一つの小学校を設けた番組が二つあったので、番組数は六六。これらの小学校は町衆の自治力によってつくられ運営された（一七〇頁「学校」参照）。それほど町衆の自治力は強かった。

現在の京都市内の学区にも、その自治組織が引き継がれている。学区の自治組織は防犯、防災活動や清掃活動、学区の運動会や各種イベントなどを行って地域のコミュニティを形成している。こうして室町時代に始まった町組は、いまの町内会へと継承されているのである。

3章

「娯楽」の発祥物語

九九の始まり

平安京の公家たちの教養のひとつ

現在の日本の教育では、かけ算の「九九《くく》」は小学校二年で習う。「ににんがし、にさんがろく……」と語呂よく読みあげて暗記する方法である。

この九九は、日本でつくられたものなのだろうか。そもそも算術や数学は、世界の歴史をさかのぼれば、先史時代から始まっている。狩猟・採集や生活するために数学の概念が必要だった。かけ算は数万年前の古代エジプトや古代インドでも行われていた。いまもドイツやインドでは日本の九九とは違う二桁どうしの九九が学ばれている。

日本で学んでいる九九は、中国から伝えられた。中国の九九は古く、紀元前七七〇〜紀元前四〇三年の春秋時代に始まる。日本に伝えられたのがいつかははっきりしないが、七世紀後半〜八世紀後半に編まれた『万葉集』に、九九の概念で数字を表記している歌がいくつかある。「十六」と書いて「しし」、「八十一」と書いて「くく」と読ませていて、この時代にはすでに中国の九九が日本に伝えられていたと思われる。

近年、奈良文化財研究所が、奈良市の平城宮跡から九九を記した木簡が出土したことを発表し、奈良時代の平城京で九九が使われていたことが明らかになった。

だが、九九が本格的に書物に登場して学ばれたのは、平安時代の京都である。現存する日本で最初の九九の表が、平安時代中期、文学者であった源為憲《みなもとのためのり》が編纂《へんさん》した『口遊《くちずさみ》』の中に登場する。

この書は、当時の子ども向けの学習用教科書で、太政大臣藤原為光《ふじわらのためみつ》の長男で七歳の松雄君のためにつくられた。学ぶべき大切な事柄を、歌うように暗誦《あんしょう》して覚えるようにまとめた教科書である。たとえば九九のほか、十二支や当時の三大建築物、三大橋などの覚え方も記されている画期的な本である。

当時の貴族の子弟は、このようにして学習したようだ。九九は平安京の公家たちの教養のひとつであった。だが、当時の九九は、現在われわれが学ぶ九九とは違っていた。

私たちは「ににんがし、にさんがろく……」と小さい数である二の段から始めて、「くくはちじゅういち」と大きい数の段に向かって暗誦するが、当時は順序が逆で「くくはちじゅういち」から始まり「はっくしちじゅうに」と大きい数から小さい数へと下がっていくものだった。そこで「九九」という名前がついたのだが、ややこしくて覚えにくかったという。

この九九を現在のように「ににんがし……」と二の段から始めるようにして覚えやすくしたのが、江戸時代前期に京都で活躍した和算家・吉田光由《みつよし》である。吉田は京都の豪商角倉《すみのくら》一族の一人で、京都の保津川《ほっ》や高瀬川《たかせ》を開削した角倉了以《りょうい》の子、素庵《そあん》に学んだ。

彼は中国の算術書『算法統宗《さんぽうとうそう》』を研究して、寛永四年（一六二七）、数学書の『塵劫記《じんこうき》』を出版した。この本はかけ算九九の覚え方、面積の求め方、油の量り売りなど日常生活に役立つ算術のすべてを網羅したもので、当時は社会経済の発達で庶民にも算術の知識が必要になっていたため、ベストセラーとなった。同書は売れて版を重ね、海賊版まで出回ったほど、全国の人に長く読まれ、江戸時代の多くの学者に影響を与えたという。

吉田はこの本の中に「九九の数の事」という章をつくり、「ににんがし……」と小さい数から始まる覚え方を初めて記載し、庶民にも覚えやすいように工夫した。江戸時代初期の京都で、一般の人々もかけ算の九九を初めて覚えたのである。

九九の表を初めて書にして本格的に学ばせたのが、平安京で生まれた『口遊』。そして一般庶民に現在と同じ形式の九九を初めて知らしめたのが、江戸期の京都で生まれた『塵劫記』。いずれも京都における九九の発祥である。

かるた
貴族の優雅な遊びから生まれる

「かるた」というと、代表的なものに「いろはかるた」と「小倉百人一首」があげられる。いろはかるたと百人一首は、かつては子どもの正月遊びの代表的なものだった。とくにかるたは字を覚えるのに役立つので、明治・大正頃までは、子どもが四歳になると、いろはかるたを与える風習があった。百人一首も、主に飛鳥時代から平安時代の日本の代表的な歌人の歌が題材なので教養が身につく。今はいろはかるたで遊ぶ子どもは滅多にいなくなったが、百人一首の人気は高く、全国組織があって毎年、全国大会が開催されている。

さて、このかるたの発祥はというと、いろはかるたと百人一首では時代が異なり、日本で初めてかるたとして成立したのは、「百人一首かるた」である。生まれたのは江戸元禄時代といわれているが、じつはかるたの源をたどっていけば、平安京の貴族たちが行っていた遊び「貝覆い」であるといわれている。貝覆いとは、ハマグリの貝殻を左右に切り離して半片を場に並べ、それぞれが手にしている半片と合うものを探し出す遊戯である。これが後に貝合わせにも発展し、対であることがわかりやすいように、貝の内側に同じ趣向の絵や、和歌の上の句と下の句を分けて書いたりし、絵の豪華さも競うようになった。

一六世紀になり、種子島《たねがしま》にポルトガル船が漂着してから、鉄砲やキリスト教など西洋の文物が日本に伝来したが、「カルタ」という紙製のカードも同時にもたらされた。このカルタは西洋風の刀剣、聖杯、貨幣のマークや人物の絵が描かれていて、木版刷りに油絵具様の顔料で鮮やかな色がつけられていた。これが天正《てんしょう》かるたで、現存しているのは一点だけ。当時天正かるたを制作したのは築後国《ちくごのくに》三池《みいけ》（現在の福岡県大牟田市三池）に住む貞次《さだつぐ》なる人物であった。大牟田市は「カルタ発祥の地」を謳って、平成三年（一九九二）、市立三池カルタ資料館まで設立した。現在は大牟田市歴史資料館と統合して三池カルタ・歴史資料館となっている。

このカルタ遊びはたちまち人気が出て、戦国時代の将兵たちが天正かるたを用いた賭博に夢中になったため、カルタ禁止令が出されたこともある。こうして全国に普及したが、幕府や諸藩がカルタ賭博に手を焼いて製造販売を禁じたので、元禄時代になって天正かるたは姿を消した。

かわって登場したのが「うんすんかるた」。天正かるたと違って七福神や家紋など、日本独自の絵柄も描かれた。だがこのうんすんかるたも天正かるた同様、賭博の道具となって全面禁止となった。

天正かるたに対して元禄時代に日本で独自に創案されたのが、百人一首の和歌かるたであった。

貝覆いの遊びに使われた、美しく描画された貝。写真は『源氏物語』

これは貴族の遊びであった貝覆いが発祥だったので、貝覆い同様、和歌かるたは大名家の嫁入り道具に欠かせないものになった。なかには幕府や諸藩のお抱えの狩野派や絵師に絵を描かせ、一流書家に文字を書かせた金銀地の豪華なかるたまで登場した。

この上流階級を対象にした和歌かるたに対して、一八世紀中ごろになると一般庶民の子どもを対象にした「いろはかるた」がつくられた。「一を聞いて十を知る」などのことわざを題材にしたかるたで、江戸、上方、中京の三地方のいろはかるたがあり、地方によって使われていることわざが異なる。つくられたのは江戸という説と、京都という説など諸説あってはっきりしない。

このように、百人一首の和歌かるたと、いろはかるたのルーツは、平安京の都で生まれた高貴な遊び「貝覆い」であったのである。

能楽
将軍と若き能楽師の出会い

新熊野神社

京都駅の南東、東大路《ひがしおおじ》通と泉涌寺《せんにゅうじ》通の交差点近く、東海道新幹線が通る辺りに、通りに覆いかぶさるように枝をのばす巨大なクスノキが見える。周囲を圧倒する偉容、樹齢九〇〇年、高さ二六メートルの巨木は新熊野《いまくまの》神社の境内に植えられている。新熊野神社は永暦《えいりゃく》元年（一一六〇）、後《ご》白河《しらかわ》上皇によって創建された。この巨大なクスノキがあることで知られ、地元の人には「後白河上皇お手植えの大クスさん」といわれて親しまれている。

後白河上皇は平安末期の第七七代天皇で、譲位後は三四年の長きにわたって院政を敷き、源平合戦の時代に平清盛や源頼朝と並ぶ強大な権勢を誇った人物である。新熊野神社から北へ少し行くと、後白河上皇が清盛に命じて造営した三十三間堂《さんじゅうさんげんどう》と後白河上皇が住まいとした法住寺《ほうじゅうじ》が建つ。この一帯は平清盛と後白河上皇にまつわる地である。また近くには智積院《ちしゃくいん》、養源院《ようげんいん》、東福寺《とうふくじ》などの古刹名刹が多く、筆者の好きな散策路である。

新熊野神社は法住寺の鎮守社として建てられ、巨大なクスノキは、後白河上皇がわざわざ紀州国（現在の和歌山県と三重県南部）の熊野から苗木と土を取り寄せて自ら植えたものである。

当時、和歌山県の熊野は熊野三山に参詣する熊野詣でが盛んだった。後白河上皇は三四回も熊野詣でに出かけたというが、当時、平安京から熊野に出かけるのは大変に難儀であった。そこで熊野になぞらえて新熊野神社をつくり、熊野の神々がご降臨になるようクスノキを植えたといわれる。

その神社の境内の一角に「能」と大きく書かれた石碑と「能楽発祥《のうがく》の地」と書かれた石碑が建つ。ここは能楽発祥の地といわれる。だが、なぜなのだろうか。神社の御由緒を調べてみた。

能楽は江戸時代までは猿楽《さるがく》と呼ばれていた。猿楽の発祥について正確なことは明らかではないが、奈良時代に中国から伝わった散楽《さんがく》に始まるのではないかといわれる。散楽が庶民の間で滑稽な寸劇や物まね、歌舞音曲などの芸になり、平安時代に猿楽に発展していった。それに農民が行っていた田楽《でんがく》や仏教寺院が行っていた延年《えんねん》という芸能が混ざって発達した。

鎌倉時代になると猿楽は仏教寺院の法会や祭礼に取り入れられ、寺院との結びつきを深めた。そのなかで「座」を組織して演じるプロ集団が現れ、一部の猿楽座は寺社の庇護を受けて発展した。最初は寺社の祭礼の余興であったが、やがて猿楽が祭礼の重要な要素となり、公家や武家にも愛好されるようになり、とりわけ大和猿楽四座《やまとさるがくよざ》の活躍が知られた。この座は奈良の興福寺《こうふくじ》や春日大社《かすがたいしゃ》に奉仕し、なかでも結崎座《ゆうざきざ》が知られた。この大和猿楽四座が発展して現在の金剛流《こんごう》、金春《こんぱる》流、観世流《かんぜ》、宝生流《ほうしょう》となり金剛座から分かれた喜多流《きた》を加えて能楽協会が構成されている。

元々は庶民的な余興であった猿楽を芸術に高めて能楽に大成させたのが、室町時代の観阿弥《かんあみ》・世阿弥《ぜあみ》親子である。観阿弥は大和猿楽の結崎座を率いる猿楽師で、はじめは興福寺の庇護を受けたが、やがて京都に進出して醍醐寺《だいごじ》で七日間興行を成功させその名をとどろかせた。幼少の世阿弥もこの頃から出演していた。応安七、永和元年（一三七四、七五）の二度にわたり、一座は新熊野神社で猿楽を上演し、一二歳で藤若丸《ふじわかまる》と名乗っていた世阿弥も出演した。

当時一七歳であった三代将軍足利義満は、結崎座の評判を聞いてこの猿楽能を鑑賞し、大いに感動したという。とくにまだ若い世阿弥の才能と魅力に惹き込まれ、親子を自分の側近として召し抱え、庇護したのである。

義満の世阿弥に対する寵愛ぶりはすさまじく、常に自分の傍に控えさせたので家臣たちが嫉妬するほどであったという。また義満は世阿弥に連歌を習わせ教養を身につけさせたので、世阿弥の芸はますます芸術性を高めていった。応永七年（一四〇〇）、世阿弥は猿楽の奥義をまとめた『風姿花伝《ふうしかでん》』を著して猿楽を大成させた。こうして世阿弥の猿楽能は一世を風靡《ふうび》したのであった。

しかし、世阿弥の生涯はこれ以後暗転する。応永一五年（一四〇八）に義満が死去し義持《よしもち》が四代将軍になると、義持は父義満を嫌ったので猿楽より田楽を好み、世阿弥を遠ざけた。義持が没して義教《よしのり》の時代になると、義教はさらに世阿弥を嫌い、弾圧した。世阿弥は長男の元雅《もとまさ》に観世大《かんぜた》

こんもりと木々が生い茂る、新熊野神社

【新熊野神社へのアクセス】
市バスで「今熊野」下車、南に徒歩３分。

夫《ゆう》の座を譲り出家したが、義教は元雅の従兄に当たる音阿弥《おんあみ》を重用し、世阿弥親子の興行を禁じるなどの弾圧を加えた。さらに世阿弥の不運は続き、長男元雅が巡業先で謎の死を遂げてしまう。暗殺されたとの説もある。失意のどん底にいる世阿弥をさらに不運が襲う。彼自身も佐渡に流刑にされてしまうのである。その後世阿弥は没しているが、京都に帰京を許されて戻ったとも、佐渡で亡くなったともいわれている。

波瀾万丈の生涯を送った世阿弥であるが、猿楽を芸術までに高めて能楽に大成させ、今日の能楽を継承する五流派の祖となった。そのきっかけが、義満と世阿弥が出会った新熊野神社であったことから、ここを「能楽発祥の地」として祀っているのである。

一方、「能楽発祥の地」を唱えている地はほかにもいくつかある。たとえば、京都府京田辺《きょうたなべ》市の薪《たきぎ》神社は、世阿弥の娘婿の金春禅竹《こんぱるぜんちく》がこの地で一休禅師に猿楽を演じて見せ、金春流の基礎を築いたとして「能楽発祥の地」としている。また奈良県の川西《かわにし》町結崎は観世座発祥の地といわれ、さらに宝生座発祥の地などいくつかの説がある。いずれの土地もそれぞれの謂《いわ》れがあるので、その真贋《しんがん》を問うこともない。新熊野神社の発祥説もその一つである。

歌舞伎

謎に包まれた創始者の生涯

出雲阿国の像

歌舞伎《かぶき》は日本の代表的な伝統芸能で、平成二〇年（二〇〇八）にユネスコの無形文化遺産に登録された。その発祥は慶長八年（一六〇三）、徳川家康が江戸幕府を開いた年に、京都の北野天満宮で出雲阿国《いずものおくに》が興行したのがはじまりといわれる。出雲阿国は生没年など詳しいことはわかっていないが、出雲の松江出身で出雲大社の巫女《みこ》となり、文禄《ぶんろく》年間（一五九二〜一五九六）に出雲大社の勧進のために諸国をまわってかぶき踊りを披露して評判になっていたという。

「歌舞伎」という芸能名は、戦国時代末から江戸時代はじめにかけて、京都や江戸で派手で一風変わった衣装を身にまとい、奇抜な髪形をして、常軌を逸した行動を取ることが流行し、そのような者を「かぶき者」と呼んだことに由来する。「かぶき」とは「傾く」の古語「かぶく」の名詞形である。出雲阿国は、かぶき者の派手な衣装で奇抜な動きを取り入れた独特の踊り「かぶき踊り」を京都で上演して大変な人気を得ていた。

阿国は短髪で当時は最先端ファッションであったかぶき者の衣装で男装し、一風変わったミステリアスな踊りを踊った。当時、京都の四条河原《しじょうかわら》は見世物小屋や舞台興行がさかんに行われていたが、阿国の踊りも四条河原で興行された。

阿国の人気が高まると、彼女を真似て遊女が芝居や踊りを演じて遊女歌舞伎となった。遊女歌舞伎は、よりセクシュアルで怪しげな踊りとなり、派手で奇抜な遊女の集団は享楽的で退廃的なムードを京都の街に蔓延《まんえん》させた。当時の京都では、秀吉の朝鮮出兵の文禄・慶長《けいちょう》の役《えき》や関ヶ原の戦いが続き、無軌道で刹那的な気分が漂っていた。そこで若者たちのなかには、怪しげな南蛮風の衣装を身にまとうかぶき者たちがはやったのである。出雲阿国はその時代のムードを巧みにとらえて舞台に反映させた。

このような社会の動きを危険視した幕府によって、間もなく遊女歌舞伎は禁止され、代わって少年が演じる若衆歌舞伎が登場する。しかし、これもセクシュアルなものが強調されて風紀を乱すとして幕府に禁止された。そこで登場するのが、野郎歌舞伎である。男役も女役も男性が演じるもので、現代の歌舞伎に通じるものである。やがて野郎歌舞伎は江戸時代に発展して洗練され、現在のような芸術にまで高められていく。

その後の阿国はどうなったかというと、これまた詳細は不明である。一説によると、慶長八年（一六〇三）に江戸城で歌舞伎を上演して評判を得たとか、慶長一七年（一六一二）に御所で歌舞伎を上演したともいわれる。また、没年もはっきりせず、晩年は出雲に戻って尼になったという

四条大橋のほど近くに建つ、出雲阿国の像

【出雲阿国の像へのアクセス】
京阪本線「祇園四条」駅下車すぐ。

説もあり、出雲市の出雲大社近くには阿国のものと伝わる墓がある。京都大徳寺《だいとくじ》の高桐院《こうとういん》にも阿国のものといわれる墓がある。

江戸時代、四条河原には、幕府公認のかぶき踊りや芝居を見せる常設小屋が七ヵ所あった。そのうちの一つが現在も四条河原町、鴨川の四条大橋のたもとに建つ南座である。明治時代までは南座の向かい側に北座もあったが、明治二六年（一八九三）に北座が廃止されてからは、京都の唯一の歌舞伎座となった。

その南座近くに、歌舞伎発祥の地をあらわすものがある。四条大橋の東詰めに出雲阿国の銅像と、「かぶき踊の祖出雲の阿国　都に来たりてその踊りを披露し都人を酔わせる」と刻まれた石碑が建つ。

落語

法話が大人気の僧侶が始祖か

誓願寺

落語は庶民の暮らしを笑いと涙で伝える日本の伝統的な話芸である。江戸時代から始まり、庶民の心を笑いで癒す噺《はなし》は人々の心をつかんで、落語家は今も昔も人気者である。

落語や漫才など「お笑い」は、大阪を中心とした上方と東京との二ヵ所に誕生して栄えてきたようなイメージがある。上方は吉本興業が本拠地とする「なんばグランド花月」のある難波《なんば》、東京は末広亭《すえひろてい》のある新宿や浅草演芸ホールのある浅草が発祥地だと思う人もいるのではないか。

しかし、じつは落語のはじまりは京都にあった、という説があるのだ。

京都の新京極《しんきょうごく》通は、中京区の三条通と四条通を結び、江戸時代から飲食店や見世物小屋、芝居小屋が立ち並んで栄えてきた。一時は修学旅行のコースとなったため、修学旅行生たちの一大人気スポットとなっていたが、最近では地元の若者たち向けのファッションやグッズの店が増え、若者の街として活気に溢れている。

この新京極の賑わいの元となったのが、繁華街の中央にある誓願寺《せいがんじ》という古い寺である。創建は飛鳥時代の天智天皇六年（六六七）、天皇の勅願によって創建された。もとは奈良にあったが、鎌倉時代初期に京都の上京区に移転し、その後秀吉の京都の都市改革によって、現在地に移された。清少納言や和泉式部などの信任が厚く、そのため女人往生の寺としても知られる。

江戸時代のはじめの慶長一八年（一六一三）、誓願寺の五五世法主となったのが安楽庵策伝《あんらくあんさくでん》で、落語の祖といわれた人物である。優れた説教師であった策伝は、小難しくなりがちな説教を庶民にもわかりやすく説こうと、説教の最後に落ちをつけておもしろおかしく語ったという。

策伝は戦国時代、茶人で武人として名の知れた金森家に生まれ、七歳で出家した。修行を積んで中国地方に寺を次々に建立した。大名や茶人とも親交が深く、とくに小堀遠州《こぼりえんしゅう》や古田織部《ふるたおりべ》らと交わった。茶道史上でも重要な人物である。

子どもの頃からの体験談や見聞録をできるだけおもしろくし、風刺や教訓的な要素を加味して一〇三九の物語にして書き上げたのが『醒睡笑《せいすいしょう》』で、その滑稽で巧みな話の集大成は、まさに落語の教科書といえる。

やがて誓願寺境内に竹林院《ちくりんいん》という塔頭《たっちゅう》と、安楽庵《あんらくあん》という茶室をつくり隠居したが、亡くなるまで竹林院を訪れる庶民や風流人などが絶えず、ここが寄席のようになって絶えず笑い声に包まれていたという。

一方、豊臣秀吉の茶話相手であった御伽衆《おとぎしゅう》の曾呂利新左衛門《そろりしんざえもん》が落語家の祖である、という説も

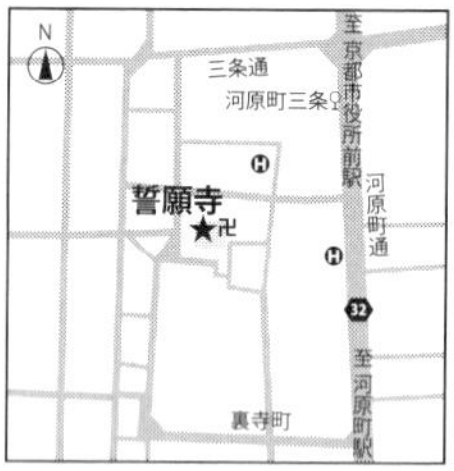

【誓願寺へのアクセス】
地下鉄東西線「京都市役所前」駅、阪急京都線「河原町」駅から徒歩約５分。

誓願寺。新京極の賑わいの中心地にある

ある。彼はユーモラスで風刺がきいたおもしろい話を数々残し、安楽庵策伝と同一人物だともいわれる。策伝も戦国大名たちの話し相手を務めていたこともあったので、その可能性は否めない。

いずれにしても、策伝が著した『醒睡笑』の話は、いくつも落語のネタになって、今日も演じられている。これが、京都の新京極にある誓願寺法主の愉快な法話が落語のはじまりといわれるゆえんである。

囲碁

信長、秀吉、家康に手ほどきをした名棋士

寂光寺

ここ数年、囲碁《いご》が静かなブームになっている。とくに、囲碁に夢中になる二〇~三〇代の女性が増え、彼女たちを「囲碁ガール」というらしい。これまでは囲碁といえば、碁会所に行って碁を打つ中高年の男性を思い浮かべたものだが、いまや囲碁ガールは碁会所になど行かないそうだ。彼女たちはスマートフォンの囲碁アプリ、タブレットや携帯型の九路盤《きゅうろばん》を使って、おしゃれなカフェやバーで試合を行うのだという。

では、この囲碁はいったい、いつから、どこで始まったのだろうか。

近代囲碁のはじまりである本因坊《ほんいんぼう》の発祥は、京都である。そもそも囲碁の歴史は古く、いまから四〇〇〇年前の中国といわれる。日本に伝来したのも古く、奈良時代とも、それ以前に遣隋使などが大陸から伝えたともいわれる。また八世紀はじめに制定された『大宝律令』には囲碁に関する記述が見られ、この頃にはすでに囲碁は日本に伝えられていたと思われる。

また、『源氏物語』や『枕草子』には、当時の貴族がたびたび囲碁を打っている場面が描かれて

いるので、平安時代の貴族や僧侶の娯楽や教養の一つとなっていたことがわかる。室町時代になると、それまでは貴族や僧侶のたしなみであった囲碁は、武士や庶民にも広まっていった。戦国時代には戦のシミュレーションとして武将たちが行ったという。

戦国時代に、第一級の腕前を持った棋士《きし》として登場したのが、日海《にっかい》である。彼は京都の顕本法華宗寂光寺《けんぽんほっけしゅうじゃっこうじ》の僧侶で、出家してから囲碁を習った。その腕前は右に出る者がおらず、織田信長に「まことの名人なり」と称賛された。これが囲碁の名人という言葉のはじまりで、日海は名人の第一号となった。寂光寺の塔頭《たっちゅう》・本因坊にいたので、本因坊算砂《さんさ》と名乗り、信長、秀吉、家康の三人に仕えて囲碁を教えたという。以後、算砂の家系は名人を引き継ぎ、秀吉にも重用されて囲碁によって初めて扶持《ふち》を受け取るようになった。

家康からは、碁界を統率するように命じられて、本因坊家は日本で初めて囲碁の家元となる。その後は本因坊家のほか、算砂の弟子から井上家、安井家、林家が出て家元となり、この四家が切磋琢磨して囲碁の普及に努めてきた。本因坊家では代々名人を生んできたが、昭和一三年（一九三八）、第二一世の本因坊が名跡を日本棋院に譲り、家元制度は廃止されて実力制度に変わり、昭和一四年（一九三九）に第一期本因坊戦が行われてから、現在に至っている。

寂光寺は現在、東山三条の交差点近く、左京区仁王門《におうもん》通にあり、門前に「碁道名人　第一世本因坊算砂」の石碑、境内に本因坊の石碑と、本因坊一～五世までの墓がある。

【寂光寺へのアクセス】
地下鉄東西線「東山」駅より北に徒歩5分。

寂光寺。囲碁本因坊の寺と呼ばれる

ところで、囲碁には難しいルールがあるためきちんと習わないとできないが、碁盤と碁石を使って五目並べを楽しんだことのある人は多いのではないだろうか。

じつはこの五目並べも、京都が発祥なのである。簡単な遊びと思いきや、そうではなくて江戸時代の京都の五摂家《ごせっけ》の一つ、二条家が「五石《いつついし》」と呼んで、静かに継承してきたのだ。

五石が民間に普及したのは江戸時代後期で、二条家出入りの鬢《びん》づけ油商《ゆしょう》の桑名屋武右衛門《くわなやぶえもん》が技に優れ、広めたという。一三代桑名屋武右衛門は、日本で初めての五目並べの技術書『五石《いつついし》定蹟集《じょうせきしゅう》』を出版してさらに五目並べの技術を広めた。桑名家は下京区の柳馬場松原《やなぎのばんばまつばら》に住まいがあり、「五石家元・松柳舎」を名乗ったという。

囲碁も五目並べも、なんと京都がはじまりであった。やはり、昔から京都の公家や僧侶は、新しい文化や娯楽に熱心に取り組む素質を持っていたようだ。

映画

「東洋のハリウッド」誕生秘話

立誠小学校／真如堂

●日本初の映画上映は京都だった！

　近年の日本映画は海外でも評価が高く、カンヌ映画祭の賞やアカデミー賞などを受賞している。黒澤明《くろさわあきら》や大島渚《おおしまなぎさ》など海外で人気が高い映画監督も多い。

　その日本映画の誕生の地は、明治以来大都市となった東京でも、ハイカラな横浜でもなく、歴史と伝統の都・京都であった。

　世界における映画の誕生は、明治二八年（一八九五）、フランスのパリであった。科学者のリュミエール兄弟が、スクリーンに映して大勢で鑑賞する現代の映写機と同じシネマトグラフを発明し、パリのグラン・カフェで一般公開したのがはじまりといわれる。

　その四年前の明治二四年（一八九一）に、アメリカのトーマス・エジソンがキネトスコープという映画装置をつくっていたが、これは一人で箱の中をのぞく形式で、現代の映画のようにスクリーンに映して観るものではなかったから、リュミエール兄弟のシネマトグラフを世界における

初の映画上映が行われた立誠小学校

映画の誕生としていいだろう。

このシネマトグラフが日本に初めてもたらされたのは、明治三〇年（一八九七）、フランスに留学していた京都在住の稲畑勝《いなばたかつ》太郎《たろう》が、日本に持ち帰って紹介したのだ。稲畑は、後に関西経済界を代表する人物となるが、一五歳のときにフランスのリヨンの工業学校に留学したとき、同級生のリュミエールと出会う。明治二九年（一八九六）、再び稲畑は最先端の染色技術を学ぶためにフランスに留学した。当時、首都が東京に移って社会経済が衰退するのを恐れた京都では、殖産興業《しょくさんこうぎょう》に力を入れ、とくに織物業や染色業の技術者育成のため留学生の派遣に力を入れていた。

フランスでリュミエール兄弟に再会した稲畑は、彼らが発明したシネマトグラフに非常に興味を持ち、明治三〇年（一八九七）一月、シネマトグラフとフランス人の映写技師一人を連れて帰国した。そして四条河原町《しじょうかわらまち》近く

真如堂の境内に建つ「映画誕生の地」碑

にあった京都電燈会社（現・関西電力）の庭にスクリーンをつくり、シネマトグラフを運び込んで試写を始めた。ところが最初は失敗が続き、一週間後にやっと電燈会社の庭に張られたスクリーンに映像が初めて映された。これが、日本映画発祥の瞬間である。この庭はその後、立《りっ》誠《せい》小学校になったが、現在は廃校になってレトロな校舎ではイベントや映画上映が行われ、校舎の前に「日本映画発祥の地」の看板が建つ。

この京都電燈会社での試写会をもとに、翌二月、大阪の難波《なんば》にあった南地演舞場《みなみちえんぶじょう》で映画が上演された。三月には京都でも新京極《しんきょうごく》の東向座《ひがしむこう》で一般公開が行われるようになった。続いて東京神田でも映画が公開され、活動大写真はたちまち庶民の人気を獲得していったのである。

●映画の初ロケ地は寺

その後、稲畑は友人の横田永之助《よこたえいのすけ》に映画の興業権を譲り、横田は横田商会（日活の前身四社のうちの一社）を立ち上げ、海外からフィルムを買い付けて、映画常設館がまだない時代に映画技師や弁士、楽団員を引きつれて全国を興行して回った。

やがて横田は外国映画のフィルムだけでは飽き足らなくなり、日本でも映画フィルム製造を始めたいと思うようになる。そこで明治四〇年（一九〇七）に西陣の千本座《せんぼん》で芝居を上演していた座主・牧野省三《まきのしょうぞう》に依頼して時代劇の映画製作に乗り出したのである。

牧野と横田が最初につくった映画がチャンバラ劇の『本能寺合戦』で、当時京都で人気があった歌舞伎の劇映画化であった。その日本最初のロケ地が、左京区浄土寺真如町《じょうどじしんにょちょう》にある真如堂《しんにょどう》の境内である。明治四一年（一九〇八）のことである。

真如堂は天台宗の寺院で創建は平安時代の永観二年（九八四）。今では紅葉の名所として全国に知られる古刹である。現在、境内の一画に、シネマトグラフのカメラをかたどった「京都・映画誕生の碑」が建てられている。『本能寺合戦』の撮影から一〇〇年後の平成二〇年（二〇〇八）には、「京都・映画一〇〇年」と題する映画祭が開かれた。この映画誕生の石碑もそのときに建てられ、多くの映画関係者が集まって祝ったという。

牧野省三はチャンバラ劇映画を次々とつくっては大ヒットさせた。そこで、明治四三年（一九一〇）に映画撮影所を現在の二条城近くに設立した。その二年前、東京の吉沢《よしざわ》商店が下目黒に日本で初めての撮影所をつくっていたので、二条撮影所は史上二番目の撮影所となった。

その後は、時代劇映画ばかりでなく次々とさまざまな作品が生み出され、二条から西郊外の太《うず》秦《まさ》に続々と撮影所がつくられていく。太秦は「東洋のハリウッド」といわれて、映画産業で活況を呈した。現在でこそ撮影所は東京が多くなったが、当時は太秦近辺に日活、大映、松竹、日本キネマ、東洋現像所、マキノ撮影所、阪妻プロ、千恵蔵プロなどの撮影所が林立して、さかんに映画製作が行われたのである。

太秦は、名勝・嵐山や保津《ほづ》峡谷が近く、歴史的寺社や景観の美しい地が近辺に多くあって撮影に適していたし、織物業がさかんで時代劇に必要な着物や小道具、カツラの生産地があったことが幸いした。さらに、関東大震災が起こって東京の撮影所が被災したため、東京からも撮影所が太秦に移ってきて大正時代末期には、太秦は一大映画の町として賑わうことになった。

現在も、太秦には東映と松竹の撮影所が残り、時代劇をはじめ日本映画の製作を行っている。また東映の太秦映画村は映画やテレビ撮影のテーマパークとして観光客に人気が高い。東映撮影所に向かう商店街は、いまも「大映《だいえい》通り」と呼ばれて地元京都人に親しまれている。

日本に映画をもたらした稲畑勝太郎、後に日活社長となる横田永之助、日本映画の父といわれた牧野省三、日本映画の生みの親はみな京都生まれの京都人だったのだ。そして稲畑がフランスから持ち帰ってきたシネマトグラフは京都で初めて日の目を見たのである。

古い歴史と伝統の街・京都は、革新と先進性に溢れた街でもあったのだ。

流鏑馬
八〇〇年にわたって封じられていたわけとは

城南宮

京都市の南の郊外、伏見区の鳥羽《とば》は、洛外にありながら平安京の時代から幕末まで歴史の舞台になった地域で、いまも歴史を偲ばせる建造物や遺跡が多く残る。鴨川と桂川の合流点に当たり豊かな伏流水に恵まれていて、江戸時代からは酒づくりが栄え、銘酒の産地としても知られる。

かつては巨椋池《おぐら》もあり、風光明媚な地で平安時代には貴族の別荘地となっていた。第七二代白河天皇は、平安後期にこの地に壮大で豪華な鳥羽離宮を造営したので、多くの貴族や代々の天皇が訪れ、さながら平安京の都が移ってきたようであったという。残念ながら南北朝の戦乱によって離宮は焼失し現在はその跡に石碑が残るが、離宮の中にあった城南宮《じょうなんぐう》という神社は今も健在で、方除《ほうよ》けの大社（方位による災いを除く）として知られる。

創建は古く平安京以前といわれるが、詳しいことは明らかになっていない。神功皇后、大国主神《おおくにぬしのかみ》、国常立尊《くにのとこたちのみこと》を祭神として祀る。応仁の乱などで荒廃したが、江戸時代に再建された。方除けの宿所となったので、天皇や貴族が熊野詣でをするときは、まず城南宮に宿泊してここから出発した。現在も京都人は方除けの神社として信仰を寄せ、旅行に出かけるときなどに参拝する人が多い。また絵巻物さながらの平安朝の曲水《きょくすい》の宴《うたげ》が毎年催されることでも知られる。

さらに近年、意外な話題で城南宮が注目された。じつは城南宮は、疾走する馬上から的に矢を射る流鏑馬《やぶさめ》の発祥の地なのである。永長元年（一〇九六）に礼法としての本格的な流鏑馬がここで行われたことが、右大臣藤原宗忠《むねただ》の日記『中右記《ちゅうゆうき》』に記されている。流鏑馬は馬上における実践的弓術として古くから行われていたようだ。日本各地の神社で行われているし、京都では下鴨《しもがも》神社の流鏑馬も、遺跡などによりかなり古くから行われていたことが推定されている。が、史書に登場する本格的なものは、この城南宮の流鏑馬が最初である。

ところが、流鏑馬発祥の地でありながら、城南宮では承久《じょうきゅう》三年（一二二一）から現代まで流鏑馬を封じてきたのである。それが、平成一七年（二〇〇五）五月、じつに八〇〇年ぶりに再開されて話題を集めた。平成二五年（二〇一三）にも開催されて、当時の武士の衣装をまとった流鏑馬保存会（倭武騎馬会）の会員が、平安・鎌倉時代を彷彿させる見事な流鏑馬の技を披露した。

下鴨神社や上賀茂《かみがも》神社では古くから今日に至るまで流鏑馬を神事として毎年行ってきたのに、なぜ城南宮は流鏑馬を封じてしまったのだろうか。城南宮と倭武騎馬会で調べてみたところによると、それは承久の乱が原因だという。

第八二代天皇であった後鳥羽《ごとば》天皇は、建久《けんきゅう》九年（一一九八）に譲位して上皇になったが、長く

八〇〇年ぶりに復活した、流鏑馬

院政をしいて権勢を強めてくる鎌倉幕府に対抗し、実権を掌握し続けた。そして討幕の計画をたてていたところ、内裏《だいり》が火災によって焼失し、上皇はその再建のため全国に税や役を課したが、幕府は協力しなかった。そのため、幕府に対する不信と怒りがつのり、ついに承久三年（一二二一）、兵を集めて幕府打倒の狼煙《のろし》を上げたのである。承久の乱の勃発である。

このとき上皇は、幕府に悟られぬように、城南宮で流鏑馬を催すと偽って大勢の武士を集めた。流鏑馬を行うためと見せかけて集まった武士たちは、ここで鎌倉幕府打倒に向かったのだ。ところが、結果は上皇側の大敗に終わり、後鳥羽上皇は隠岐《おき》に配流となった。幕府は上皇側の武士をすべて処刑し所領を没収、以後、京都の公家を監視するために六波羅探題《ろくはらたんだい》を設け、京都も幕府が支配下に置くようになる。

このように、朝廷が大敗した承久の乱の始まりが城南宮の流鏑馬であったことから、長い間城南宮では流鏑馬を行わなかったのである。しかし、発祥の地でぜひ行いたいという流鏑馬保存会の依頼があり、城南宮側が快諾して平成一七年（二〇〇五）に再開が実現した。その後も二～三年おきに催され、平成二五（二〇一三）にも開催されて多くの観客を集めたが、平安京の伝統を継ぐ貴重な弓馬礼法だ。今後も長く続けてほしいものである。

方除けの神社として知られる、城南宮

【城南宮へのアクセス】
京都らくなんエクスプレスバスで「油小路城南宮」下車、徒歩４分。または土曜休日のみ「城南宮前」下車、徒歩３分。

4章

伝統・文化の発祥物語

茶の栽培

歴代の僧侶によって育まれてきた

高山寺

茶は古くから日本人の暮らしに欠かせない飲み物である。茶の名産地は静岡や狭山《さやま》をはじめ全国にいくつもあるが、なかでも京都は茶の名産地として知られ、「宇治茶《うじちゃ》」は茶の最高級ブランドである。この宇治茶のルーツとなる茶種が最初につくられたのは鎌倉時代、京都栂尾《とがのお》の高山寺《こうざんじ》の茶園で、これが日本の茶の栽培のはじまりといわれる。

茶を飲む習慣はそれ以前からあり、日本に茶の種が初めて入ったのは、平安時代の初期、唐に留学した僧が喫茶の風習とともに持ち帰ったのが最初といわれている。承和七年（八四〇）に成立した『日本後記《にほんこうき》』には、弘仁六年（八一五）に嵯峨《さが》天皇に茶を煎《せん》じて奉ったという記録があり、平安時代には都の貴族や僧たちの間で茶が飲まれていたことがわかる。ただし、この頃は茶は貴重品で、貴族など特権階級にしか味わえなかった。

日本で本格的な茶の栽培が始まるのは鎌倉時代で、臨済宗の創始者である僧の栄西《えいさい》による。栄西は二度にわたって宋で仏教を学んだ。建久二年（一一九一）、宋から帰国したときに茶の種を持

高山寺境内に建つ「日本最古之茶園」碑

ち帰り、しばらく滞在した佐賀県脊振山《せふりさん》に茶の種を植えた。また親交のあった栂尾高山寺の開祖である明恵《みょうえ》上人にも茶の種を分け与えた。そこで明恵は高山寺の向かいの深瀬の地に茶の種をまいて栽培を始めた。これをさらに高山寺の境内に移し替えて茶園とした。

　これがわが国の茶の栽培の起源であり、高山寺の茶園が日本最古の茶園といわれている。佐賀県の脊振山にはいまも茶園が残り、こちらも日本初の茶の栽培とする説がある。いずれも栄西が持ち帰った茶種がルーツであり、どちらも日本初としていいと思うが、とくに栂尾の茶栽培はこの後非常に盛んになり、茶の名産地といえば栂尾のことを言うようになった。

　栂尾の茶はきわめて良質で、愛好家たちから「本茶《ほんちゃ》」の称号を与えられた最上級の品質で、それ以外の茶は「非茶《ひちゃ》」とされた。そこで高山寺の茶園を日本初とする説が主流になったようだ。

　明恵はさらに茶の栽培を広めるため、山城の宇治を栽培に最適な条件の地として選び、茶栽培を伝えた。こうして栂尾に代わる天下の銘茶宇治茶が誕生したのである。

高山寺の茶園でとれた茶は、鎌倉・室町時代には天皇や将軍家にも毎年献上された。現在も高山寺には当時の茶園の一部が残り、五月の中旬になると茶摘みが行われる。また毎年一一月八日には明恵上人に新茶を献上する献茶式が開山堂で行われる。宇治から茶業組合員も参列して明恵上人と茶の普及につくした故人に感謝の祈りを捧げている。

明恵に茶の種を分け与えた栄西は、その後鎌倉に下って鎌倉幕府の庇護を受け、建仁二年（一二〇二）に源頼家《みなもとのよりいえ》の援助によって京都祇園に建仁寺《けんにんじ》を建立し禅宗の普及に努めた。鎌倉時代は、茶は嗜好品というよりも、効能豊かな薬として用いられていた。栄西は晩年には『喫茶養生記《きっさようじょうき》』を著し、茶の健康効果を広めている。

その序文には「茶は養生の仙薬《せんやく》なり。延齢《えんれい》の妙術なり」とあり、とくに茶は心身を爽快にして心臓をととのえ万病を除くことができ、また酒の酔いと眠気を覚ます特効薬である、と絶賛している。そこで、僧侶の間では修行中の眠気覚ましにも珍重されたという。

現在、建仁寺は、栄西が茶の栽培を広めた偉業を称え、境内は茶木の生垣で埋め尽くされている。開山堂の近くには茶碑が建ち、その裏手には小さいながら茶園もつくられている。

ところで、総務省の調査によると、現在の京都市の家庭一軒当たりの一年間に緑茶を購入する量は全国で三位以内にランキングされている。さすが宇治茶の本場である。

高山寺金堂。室町時代に焼失したかつての本堂の位置に建つ。現在の金堂は江戸時代寛永年間（1624～44）に御室仁和寺真光院から古御堂を移築したもの

【高山寺へのアクセス】
ＪＲバスで「栂ノ尾」下車、徒歩５分。

絵馬

水の神に捧げられた黒馬と白馬

貴船神社

毎年、大学の受験シーズンが到来すると、学問の神さま菅原道真を祀った京都の北野天満宮《きたのてんまんぐう》や東京の湯島《ゆしま》天神では、合格祈願の絵馬が境内に所狭しと掛けられる。北野天満宮では、その数何と一〇万枚というからすごい。

絵馬とは、神社や寺に祈願をするときに、願い事を書きつけて奉納する、絵が描かれた木の板のことである。小型で五角形の山型のものが多く、馬の絵が描かれていて、その余白や裏に願い事を書く。絵馬に描かれた絵は馬が多かったが、最近ではキツネや干支《えと》の動物、有名人の肖像などさまざまな絵が描かれるようになった。

では、そもそもなぜ願い事を絵馬に託すようになったのだろうか。そして、なぜ馬の絵が描かれているのか。

絵馬が生まれたのは、やはり神社が多い京都であった。京都の洛北・鞍馬《くらま》の地に鎮座する貴船《きふね》神社が絵馬の発祥の地といわれる。貴船神社の創建は明らかではないが、社伝によれば第一八代反正《はんぜい》天皇の時代の創建で、神武《じんむ》天皇の母である玉依姫命《たまよりひめのみこと》が黄色い船に乗って貴船川をのぼってこの地に着き、水神を祀ったのがはじまりという。

天武天皇の白鳳六年には、社殿のつくり替えの記録があるので、創建年代はそれ以前であり、かなり古いといえよう。水の神さまである高龗神《たかおかみのかみ》を祀り、古くから雨乞いの神さまとして信仰されてきた。平安時代には、嵯峨《さが》天皇が勅使を遣わして降雨祈願をされたと伝えられる。

また境内の中宮である結社は、磐長姫命《いわながひめのみこと》をご祭神として祀り、縁結びの神さまとしても信仰を集め、現在では若いカップルや女性に人気となっている。

では、なぜ貴船神社が絵馬の発祥地なのだろうか。

古代は貴船神社のご祭神である水の神さまに祈願をするとき、降雨を願うときは黒馬を、晴れを願うときは白馬を奉納してきた。古代、馬は神さまの乗り物で、「神馬《しんめ》」といわれてきたからだ。しかし、馬は高価なのでなかなか奉納できないし、奉納された神社も世話をするのが大変である。そこで、生きた馬に代わって木の板に描いた馬「板立馬《いたたてうま》」が奉納されるようになり、これがいまの絵馬の発祥といわれ、貴船神社の境内本殿横には、黒馬と白馬が向かい合ってじゃれ合う姿の像が、絵馬発祥の社の記念として建てられている。

水の神さまを祀る神社にふさわしく、本殿前の石垣からは貴船山を源流とするご神水がこんこんと湧き出ており、神社の横を流れる貴船川も清らかな水がとうとうと流れている。

水は万物の命の源である。この神社は、生きとし生けるものが命をつなぐためにもっとも大切な水を司る神さまなのである。そしてその神に感謝して捧げた貴船神社の馬が、絵馬の発祥であったのだ。

貴船神社は鞍馬山の中腹で緑深く、清らかな水が「気」をため、まさに絵馬発祥の地にふさわしいパワースポットである。

絵馬発祥の記念碑。黒馬と白馬がじゃれ合っている

本宮参道。水の神を祀る神聖な場にふさわしい静寂さに満ちている

【貴船神社へのアクセス】
叡山電鉄鞍馬線「貴船口」駅から京都バスで「貴船」下車、徒歩5分。

葉書

お茶にも手紙にも使われた貴重な木

糺の森（下鴨神社）

わが国の郵便制度は明治四年（一八七一）に始まった。それまで通信や情報伝達は、早馬や飛脚によって行われていた。江戸時代には全国に街道や宿場などの交通基盤が整備されたので、大名や武士ばかりでなく町人も飛脚を利用して書状や書簡による通信を行ってきた。書状が多かったが、なかには葉書のように書式も単純で簡易なものもあった。

葉書が国の郵便制度のなかで正式に発行されたのは、明治六年（一八七三）のことで、政府が製造する「官製はがき」の誕生である。明治三三年（一九〇〇）になると、「私製はがき」の発行が認められ、さらに絵はがきも認可されたので、バリエーション豊かな葉書がつくられるようになっていった。

こうして、国の郵便制度による官製はがきは、明治はじめの近代化とともに誕生したわけだが、じつは日本人は古代から「葉書」を用いていたのである。

「葉書」の字からもわかるように、古代、まだ紙が高価で希少であった頃、木の葉に文字を書いて人に届けていたものがルーツだという。

その葉書のルーツとなった木の葉は、やはり日本の伝統文化発祥の地、京都にあった。京都市の北東、高野川《たかの》と賀茂《かも》川の合流地点の近く、賀茂御祖《かもみおや》神社、通称下鴨《しもがも》神社境内にある広大な社叢《しゃそう》林《りん》「糺《ただす》の森」に茂る「タラヨウ」という木の葉である。

タラヨウはモチノキ科の常緑樹で樹高二〇メートルにもなる大きな木だ。葉はツバキの葉のように厚くて二〇センチほどもある長楕円形をしており、葉の縁には細かいぎざぎざがあるのが特徴。葉の裏側に先がとがったもので傷をつけるとその部分が黒く変色し、長く残ったので、これを利用して文字が書けた。

古代、まだ紙が普及していなかった頃は、タラヨウの葉に経文を書いたり、子どもの手習いに使ったりしたという。文を書き記して通信手段にも使ったので、タラヨウの木は、「手習いの木」「葉書の木」と呼ばれ、現代の葉書の語源になったといわれる。戦国時代の武将も戦場でタラヨウの葉を情報伝達に活用したという話も伝わる。タラヨウの葉は丈夫で文字を書くのに適し、またお茶の葉としても使えたので、古くから神社や寺に植えられるようになった。

糺の森は、およそ一二万四〇〇〇平方メートルにおよぶ広大な原生林である。平安京が置かれる以前より下鴨神社の神林として信仰を集めてきた。古代山城国《やましろのくに》の植物がいまも繁茂し、ケヤキやエノキ、クスノキなどを中心に約四〇種、四七〇〇本の樹木が生い茂る。

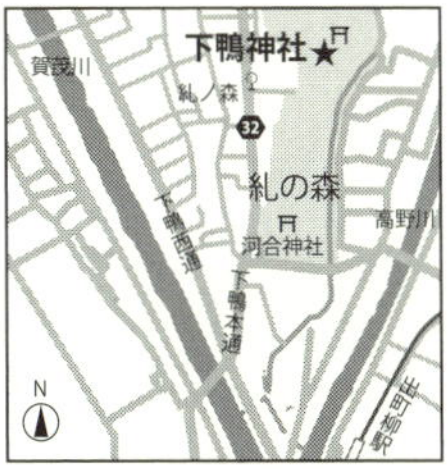

【糺の森へのアクセス】
京阪電鉄「出町柳」駅下車、徒歩10分。または市バスで「糺ノ森」下車すぐ。

下鴨神社の境内にうっそうと広がる糺の森

森の中には高野川の支流や湧水の御手洗《みたらし》池を水源とする清流が流れる。春の桜、初夏のアジサイ、秋の紅葉も見事で、古くから景観の美しさは『源氏物語』や『枕草子』などで詩歌に謳われてきた。

また、現在は下鴨神社の例祭のなかのいくつかは糺の森で行われている。五月の流鏑馬《やぶさめ》、葵祭《あおいまつり》、夏の御手洗祭《みたらしさい》、立秋の夏越神事《なごししんじ》などで、糺の森は京都市民の憩いの場として親しまれている。

東京の中央郵便局のビルの前にはタラヨウの木が植えられており、「郵便局の木」の看板が建っている。タラヨウの葉に住所氏名、手紙文を書いて一二〇円切手を貼って投函すると、ちゃんと葉書として使用できるから驚きである。

華道
仏教との深いかかわりが生んだ芸術

六角堂

四季折々の草花や木の枝などを花器に挿して、その色形の美しさだけでなく、いのちの尊さを表現し観賞する芸術が華道《かどう》である。花を飾る文化は、仏教の伝来とともに、仏前に草花をお供えする供花《くげ》から始まったといわれる。また、神が宿る依代《よりしろ》として榊《さかき》などの常緑樹を用いて自然を崇拝するアニミズムが原型という説もある。

「いけばな」とも呼ばれるが、華道というと、単に花を飾るだけでなく、草木や花を人と同じいのちあるものとして捉える日本古来の精神性が強調される。その精神と技法は師から弟子に伝承され、現在では華道の流派は全国に二〇〇〇以上もある。欧米にも花を飾るフラワーデザインはあるが、装飾としてだけでなく芸術にまで高めた華道は日本独自のものである。

さてこの華道の発祥は、やはり京都で、京都市のちょうど真ん中に位置する六角堂《ろっかくどう》という寺院である。六角堂の正式名称は紫雲山頂法寺《しうんざんちょうほうじ》といい、創建は古く飛鳥時代にさかのぼる。

六角堂の史伝によると、用明《ようめい》天皇二年（五八七）、聖徳太子が四天王寺《してんのうじ》建立のため、木材を求めてこの山城の地を訪れた。その際、この地に湧き出る泉で沐浴されたが、枝にかけておいた護持《ごじ》仏《ぶつ》が枝から離れなくなり、仕方なく一夜をここで過ごす。

するとその夜、護持仏が太子の夢に現れて、この地で人を救うためにとどまりたいと告げられた。そこで、御堂を建立し、護持仏の如意輪観世音菩薩《にょいりんかんぜおんぼさつ》をご本尊として祀ったのが六角堂の創建といわれている。

六角堂の北面には現在も聖徳太子が沐浴された池の跡が残されていて、この池のほとりに僧侶の住坊があり、代々「池坊《いけのぼう》」と呼ばれていた。池坊の僧侶は朝夕、ご本尊に花を供えてきたが、ついにはいけばなの名手として知られるようになったという。この「池坊」の呼び名が後に華道流派の名前となったのである。

平安時代になると、草花を一輪挿しのように挿して愛でるようになり、『枕草子』にその様子が記述されているほか、平家納経や鳥獣戯画にも供花の絵が描かれている。

華道の確立は室町時代の中期と伝えられている。この頃には、新しい住宅様式の書院造《しょいんづく》り（一一七頁参照）が生まれ、挿花を飾る床の間の原形である「押板《おしいた》」といわれる場がつくられるようになった。そして押板の上には三具足（花瓶、香炉、燭台）の三点が飾られるようになった。この頃、六角堂の池坊専慶《いけのぼうせんけい》が華道家池坊の中興の祖として世に登場し、注目を集める。池坊の記録によると、専慶が挿した挿花を大勢の人が競って見た、また京都御所で池坊がたびたび花を立てた

聖徳太子ゆかりの寺、六角堂

【六角堂へのアクセス】
地下鉄烏丸線「烏丸御池」から徒歩３分。阪急京都線「烏丸」駅から徒歩５分。

という。

池坊には、現存する最古の花伝書である『花王以来《かおういらい》の花伝《かでん》書《しょ》』が残されている。この書には当時「花を立てる」といわれた「立て花」のさまざまな形や、「なげ入れ」と呼ばれる「掛花《かけはな》」や「釣花《つりばな》」「舟」などの多様化された形の挿花の絵と解説が描かれている。

池坊専慶から心と技が引き継がれ、戦国時代になると三一世池坊専好《せんこう》が活躍し、次の三二世の専好が立花《りっか》を大成したとされる。江戸時代のはじめになると、六角堂を中心に池坊の立花が全国に普及してゆき、華道はそれまでの上流階級のものから、庶民にも広がり生花として親しまれるようになる。

やがて遠州《えんしゅう》流、源氏《げんじ》流などの流派が登場し、生花はますます流行し、流派の伝授が整備されて家元制度が確立した。その後も新しい流派が続々誕生し、盛り花、なげ入れ花などさまざまな型が編み出され、花以外の材料も取り入れられるなど日本の華道は時代に適応した新展開を続けている。

舞妓・芸妓、花街、お茶屋
そのはじまりは、巫女だった

京都五花街／北野天満宮／八坂神社

京都の祇園《ぎおん》界隈を夕刻に散策していると、あでやかな振袖にだらりの帯でお座敷に向かう舞妓《まいこ》をよく見かける。また八月一日は「八朔《はっさく》」といって、京都の花街《かがい》では舞妓や芸妓《げいぎ》が芸事の師匠宅へお礼に回るのが伝統行事になっているので、祇園などでは、昼間から舞妓・芸妓たちが連なって歩く華やかな姿を見ることができる。

舞妓は京都の祇園や先斗町《ぽんとちょう》などの花街で、唄や舞、三味線など日本の伝統芸能を披露して宴に興を添える女性のことで、一五歳から二〇歳くらいまでの修業段階の少女である。舞妓として五年間の芸事の修業を積むと芸妓になれる。

舞妓は肩上げの振袖の着物にだらりの帯、おこぼ（ぽっくり）の下駄という華やかな衣装をつけるので、芸妓よりも観光客などには人気が高い。あでやかな舞妓姿に憧れて舞妓になろうと志望する少女もいるが、舞妓・芸妓の世界には独特のしきたりや伝統があり、非常に厳しい修業を積まねばならない。

京都の舞妓や芸妓は花街の「置屋《おきや》」に所属し、そこからいくつもの「お茶屋《ちゃや》」に呼ばれてお座敷を勤めるしきたりになっている。

置屋とは舞妓や芸妓が所属する店で、舞妓・芸妓を住まわせてしきたり、礼儀作法、芸事を仕込みお茶屋へ送りだす仕事をしている。お茶屋は「お座敷」と呼ばれる部屋をいくつか持ち、酒や料理を出し、芸妓や舞妓を呼んで芸の披露でお客をもてなす店のことである。

そして置屋とお茶屋が多数集まって形成されている町を花街といい、京都には上七軒《かみしちけん》、祇園甲部《ぎおんこうぶ》、祇園東、先斗町、宮川町《みやがわちょう》の五つの花街があり、「京都五花街」といわれる。花街は「はなまち」とも読み遊郭の別称としても使われるが、京都の舞妓・芸妓は遊女《ゆうじょ》ではなく日本の伝統芸能を披露するのが仕事であり、京都五花街では遊郭と区別するため「かがい」と読む。

京都以外の日本各地にも花街はあり、芸を披露する芸子や芸者、舞娘、舞子などそれぞれ呼び名が違うが存在する。山形県酒田市の舞娘、山形市の舞子はテレビなどで紹介されるので知られているし、東京には赤坂、神楽坂《かぐらざか》、向島《むこうじま》の芸者が知られ、花街がある。

しかし、舞妓・芸妓のルーツは、何といっても伝統文化の都、京都である。

京都の五つの花街のなかでも、誕生したのがもっとも古く、「日本最古の花街」といわれているのが上七軒である。現在の上京区真盛町《しんせいちょう》から社家《しゃけ》長屋町《ながやちょう》に位置し、北野天満宮の東門から今出川通まで東南に延びる通り、約三五〇メートルの区域に広がる花街である。京都五花街のなかで、もっとも歴史が古く伝統と格式を誇っている。

発祥は室町時代にまでさかのぼり、宮川町が安土桃山時代。全国を見渡しても他の花街の起源は江戸時代がほとんどだから、ここが花街の発祥地といえるであろう。北野天満宮の史伝や上七軒歌舞会の記録によると、文安元年《ぶんあん》（一四四四）、北野天満宮の社殿の一部が焼失したが、その後再興されたとき、修復後、残った木材を使って東門の前に七軒の茶屋を建て、参拝客の休憩所にした。そこで「七軒茶屋」と呼ばれるようになったのが、上七軒のはじまりである。

北野天満宮には古くから巫女《みこ》がいたが、巫女でいられるのは十代の少女に限られていた。そこで二十歳を超えた女性たちが茶の湯を学び、七軒茶屋で茶立てをして参拝客をもてなすようになった。この女性たちが上七軒の芸妓の起源だといわれている。

その後、天正一五年（一五八七）、豊臣秀吉が北野天満宮で北野大茶会を催した際、七軒茶屋は秀吉の休憩所となった。当時名物だったみたらし（御手洗《みたらし》）団子《だんご》を秀吉に献じたところ、いたく気に入りその褒美として七軒茶屋にみたらし団子の商売の特権と山城一円の法会茶屋株を与えたのが、お茶屋のはじまりともいわれる。

また、江戸時代には祇園の八坂《やさか》神社の門前で、やはり参拝客に茶をふるまう休憩所のお茶屋が栄えた。お茶屋がしだいにお茶や団子だけでなく酒や料理を出し、それを運んでいた茶汲み女が唄を聞かせ舞を見せるようになったのが、祇園の舞妓・芸妓のはじまりともいわれている。

【上七軒へのアクセス】
市バスで「上七軒」または「北野天満宮前」下車、徒歩約３分。

上七軒。日本最古の花街といわれる

京都のお茶屋は飛び込み客は入ることができない。「一見《いちげん》さんおことわり」でなじみ客の紹介がなければならない。またお茶屋で舞妓・芸妓を呼んだら料金が高くてなかなか足を踏み入れることができない。

だが、最近では舞妓・芸妓とランチを楽しむ会や抹茶を楽しむ会など低料金で楽しむイベントやツアーコースなどが催されているので、花街の世界は敷居が高いと思わず、お茶屋文化を味わうのもいいだろう。

5章

服飾文化の発祥物語

友禅染

京都人の心をとらえた斬新なデザイン

友禅苑（知恩院）

日本で布や糸の染色がいつ始まったのかは、諸説あって明確になっていないが、かなり古く、卑弥呼《ひみこ》の時代からある種の染色は行われていたという。草木や花の汁などの天然の材料を用いた手染めで、その技術は大陸から伝えられ、古墳時代には藍染《あいぞめ》や茜染《あかねぞめ》なども行われたようだ。

四世紀末から五世紀はじめにかけての応神《おうじん》・仁徳《にんとく》天皇の時代には、朝鮮半島から渡来系の人々が日本に帰化して、農耕技術、土木灌漑、酒造り、養蚕《ようさん》などさまざまな技術を伝えたが、このとき京都を本拠地として織物の技術とともに染めの技術ももたらしたのが、秦氏《はた》であった。またこの頃、渡来系の染色技術集団の赤染氏《あかぞめ》が河内国大県郡《かわちおおがたのこおり》（現在の大阪府八尾市《やお》）を本拠地として赤染を管理していたという。

飛鳥・天平時代には草木染の染色技術が発達したほか、中国からミョウバンや硫酸鉄などを使用する技術も伝わり、衣服はしだいにカラフルになっていったようだ。

平安時代になると、天皇家や公家たちは高貴な身分の象徴として鮮やかな色に染められた衣を身に着けた。そこで宮中には織物をする織司《おりべのつかさ》と染めをする内染司《うちそめもののつかさ》が置かれた。しかしこの時代は鮮やかな色に染められた糸で織り上げた絹織物は、高貴な人々のものでしかなかった。

鎌倉、室町時代と時を経るにつれて、藍染、茜染などの技術が発達していったが、庶民にまで普及するのは江戸時代になってからである。

しかしそれまで、絵を描くように思いのままの絵柄を布に染められる技術はなかった。布に模様をつけるには刺繍《ししゅう》するか、箔《はく》を張り付けるか、絞り染めくらいしかなかった。

そんなときに始まって大人気となったのが、友禅染《ゆうぜんぞめ》である。江戸時代の貞享《じょうきょう》年間（一六八四〜一六八八）から元禄年間（一六八八〜一七〇四）にかけて、京都の知恩院《ちおんいん》の門前に住んでいた宮崎友禅斎《みやざきゆうぜんさい》が描いたさまざまな絵を着物の染模様にしたところ、大評判となった。友禅斎については不明な点が多いのだが、出家者で扇の絵を描く扇面師であったことはわかっている。彼の描く扇の絵は鮮やかで洒落《しゃれ》ていて当時の京都人に大人気だったが、それからは着物の模様染めの絵を次々に描いて、「友禅染」を誕生させた。

多彩な色を使い、花鳥風月やあらゆる絵柄を布に染められる友禅染はまたたく間に大流行した。友禅斎は『余勢《よせい》ひいながた』『友禅ひいながた』という友禅染の絵柄集も出版し、これが友禅染を全国的に広げることになった。

友禅染は知恩院の門前から始まったのだが、友禅斎はいわば友禅染の絵柄を考案したデザイナ

【友禅苑へのアクセス】
市バスで「知恩院前」下車、徒歩５分。または阪急京都線「河原町」駅から徒歩15分。

友禅苑。東山の湧き水を引き入れた庭園と枯山水の庭園とで構成された昭和の名園

ーであり、友禅染の技術をつくり出したのではないという説もある。

明治時代になると、やはり京都出身の広瀬《ひろせ》治助《じすけ》という染師が、化学染料を用いた「写し友禅」という技法を発明して友禅染の工程を簡略化し、一気に大量生産を可能にした。

広瀬治助は少年の頃より友禅業の備後屋《びんごや》に奉公していた。手描き友禅の名手として知られたが、明治一〇年（一八七七）頃、京都に開設された科学技術研究所の舎密局《せいみきょく》に出入りし、化学染料について学び、写し友禅の技法を生みだし、友禅を庶民にまで広めることに成功したのである。

現在、祇園の知恩院の境内には友禅斎の寓居跡があり、友禅苑という庭園として整備されている。苑内には昭和二九年（一九五四）につくられた友禅斎の銅像と「友禅斎　謝恩の碑」がある。

友禅染はこの宮崎友禅斎と、写し友禅の技法を発明した広瀬治助の二人によって、京都で生まれ確立されたのである。

養蚕
『古事記』『日本書紀』にも描かれた発祥伝説

蚕の社（木嶋坐天照御霊神社）
多々羅西平川原（京田辺市）

養蚕《ようさん》は、クワを栽培して蚕《かいこ》を飼い繭《まゆ》から生糸を生産して絹織物をつくる作業で、日本で養蚕技術が始められたのは古く、弥生時代に中国より伝えられたといわれる。稲作と一緒に蚕がもたらされたとされるが、そのほか、本格的に養蚕技術が始められた時期については諸説あり、全国各地に養蚕発祥地といわれる場所が存在する。

さまざまな説のなかで、最も有力なのが、現在の京都の右京区太秦《うずまさ》が発祥地とする説である。太秦は、「映画」の項（九六頁参照）でも登場するが、かつては「東洋のハリウッド」といわれたほど撮影所が立ち並び映画撮影が盛んだった地である。そして「太秦」の地名の由来にもなっているが、太秦は仁徳《にんとく》天皇の時代から、渡来系の秦《はた》氏が土着して養蚕業を始めた地でもある。

秦氏は、四世紀後半から五世紀の応神《おうじん》天皇の時代に大勢を引き連れて日本に帰化した渡来系の豪族で、土木灌漑《かんがい》、農耕、酒造り、養蚕、機織りなどの技術に優れていた。京都の太秦や伏見、大阪の寝屋川《ねやがわ》市などを本拠地としてその地の開拓に尽力した。

雄略《ゆうりゃく》天皇の時代、天皇は四散していた秦氏の一族を集めて統率者を選んで秦酒公《はたさけのきみ》の姓を賜った。酒公は、太秦の地で養蚕や機織りを始め、地元の人々にその技術を伝授した。そして天皇に租税として絹織物を献上するとき、宮中の庭に絹織物をうずたかく積み上げた。

これを見た天皇はとても喜ばれて、酒公に「うずまさ」という姓も賜ったという。そこで酒公が本拠地とした地も「うずまさ」と呼ばれるようになり、「太秦」の字が当てられたという。

現在、太秦には木嶋坐天照御霊神社《このしまにますあまてるみたまじんじゃ》、通称「蚕の社《かいこやしろ》」といわれる神社がある。創建は古く、『続日本紀《しょくにほんぎ》』には大宝元年（七〇一）の条にこの神社の名前が記載されているので、それ以前から祀られていたと思われる。この神社が通称「蚕の社」と呼ばれているのは、境内に「蚕の社」と呼ばれる蚕養《こかい》神社が祀られているからだ。

秦氏は、当時大和朝廷の養蚕、機織りの技術を独占し、莫大な富を築いたと思われる。そこで秦氏は養蚕の神に感謝し、守護神として太秦の地に養蚕の神を勧請して祀ったのが、蚕養神社である。現在も、この神社は太秦の地、嵐電《らんでん》の「蚕ノ社」駅から徒歩五分ほどのところに鎮座して、養蚕発祥の地といわれている。

秦氏一族のなかで、酒公とともに有名なのが秦河勝《はたのかわかつ》という人物で、一族の首長であった。彼は、七世紀ごろに活躍した聖徳太子の優秀なブレーンで、朝廷のさまざまな政策や財政をも任されたという。

また彼は推古一一年（六〇三）に、聖徳太子から尊い弥勒菩薩《みろくぼさつ》像を賜ったので、それを祀るため、太秦に広隆寺《こうりゅう》を建立したことでも知られる。そしてこの弥勒菩薩像が日本の国宝第一号といわれる仏像である。

群馬県や茨城県、静岡県、山口県など日本各地に養蚕発祥の地の謂《いわ》れが伝わるが、京都太秦が有力であるというのは、『日本書紀』に、古代に秦氏が養蚕技術を独占していたことが記されているからである。皇極《こうぎょく》天皇三年（六四四）、駿河《するが》国の富士川のあたりで、大生部多《おおふべのおお》が蚕に似た虫を「常世《とこよ》の神」として祀ったとき、秦河勝は養蚕が富士川あたりで始められるのを阻止するため、大生部多を捕らえて弾圧したという。

そのほか、面白い養蚕発祥の逸話として、『古事記』に次のような記述がある。四世紀頃、仁徳天皇の皇后の磐之媛《いわのひめ》は京都の多々羅西平川原《たたらにしひらかわら》で百済《くだら》からの帰化人に珍しい虫（蚕）を献上された。これをこの地で育てるのに興味を奪われて、天皇が都に帰るように言っても戻らなかったという。

これが日本に初めて持ち込まれた蚕で、この多々羅の地では、古代より百済からの帰化人が住んで、養蚕と絹織物の生産をさかんに行っていたという。そこで、この地が日本における養蚕発祥の地といわれている。

多々羅西平川原は現在の京田辺市で、ＪＲ学研都市線の三山木《みやまき》駅から西にしばらく行くと、同志社大学の田辺キャンパスがある。その南側の多々羅バス停付近に「日本最初外国蚕飼育旧跡」

の石碑が建つ。

太秦か京田辺市か、いずれにしても『記紀《きき》』にまで蚕飼育の記述があるのだから、京都が養蚕発祥の地といえるであろう。

木嶋坐天照御霊神社の境内入口

境内にある養蚕神社（蚕の社）

【木嶋坐天照御霊神社へのアクセス】
京福電鉄嵐山線「蚕ノ社」駅下車すぐ。

西陣織・絹織物

西洋の技術も巧みに取り入れ成長

西陣織会館

京都の代表的な伝統産業である西陣織《にしじんおり》の歴史は古く、日本の絹織物の起源といえる。西陣織は京都の西陣という地域で織られた高級絹織物の総称で、着物、帯、能衣装、袈裟《けさ》、緞帳《どんちょう》などの豪華な製品からバッグ、財布、小物入れなどがつくられて現在も人気を博している。

縦糸と横糸を直角に交差させて模様を織りなす生地をつくるのが織物であるが、その織物の中でも、糸を先に染めて織り、絵柄を織りなすのが西陣織である。

西陣は京都市の西北部で、上京区と北区にわたる地域で東は堀川通、西は千本通、南は今出川通、北は北大路通に囲まれた一画をいい、いまも約五〇〇軒ほどの西陣織メーカーや織屋が伝統を引き継いで生産を続けている。

その西陣織の発祥は、絹織物の発祥でもある。「養蚕」の項でも触れたが、絹織物の起源は、四世紀頃に朝鮮半島から渡来した秦氏《はた》が京都の太秦《うずまさ》を本拠地として養蚕、織物の技術を伝えたのがはじまりである。その後、律令国家ができた飛鳥・奈良時代には織部司《おりべのつかさ》という省庁をつくり、織物の職人たちを集めて生産に当たらせた。平安時代になると織部司の職人たちは、朝廷や公家たち綾錦《あやにしき》など高級織物をさかんにつくった。やがて平安時代の中頃になると、職人たちは朝廷の織部司だけにとどまらず私的な仕事として織物業を営むようになっていき、やがて織部司は廃止された。

鎌倉時代になると政治の中心は関東に移ったが、高級織物の拠点は京都のままで、彼らが住む町は織部町《おりべ》といい、その近くの大舎人町《おおとねり》や大宮町《おおみや》が織物生産の中心地となり、「大舎人の綾」「大宮の絹」と呼ばれた。ここが西陣の源流となった。

なぜ西陣という名がついたのかというと、この地に守護大名の山名宗全《やまなそうぜん》の邸があったことに由来する。室町時代になると、京都では応仁元年（一四六七～七七）の一〇年にわたって応仁の乱が繰り広げられた。この乱は、八代将軍足利義政《よしまさ》の時代に室町幕府管領の細川勝元《かつもと》率いる東軍と、山名宗全率いる西軍が戦った内乱で、諸大名や他の国まで巻き込む激しい戦となり、京都は焼け野原となった。西軍の陣は山名宗全の屋敷に置かれたので、その地が西陣と呼ばれるようになった。

応仁の乱が始まると、織手たちは戦乱を避けて大坂の堺に一時避難したが、乱が終わると再び西陣の地に戻り織物業を復活させ「大舎人座」を形成した。その頃、西陣のほかに白雲村《しらくも》に練貫《ねりぬき》座という織物業集団がいたが、西陣の大舎人座と営業権を争い、大舎人座が幕府によって認められて絹織物の生産を独占し、西陣織のブランドを確立させた。

【西陣織会館へのアクセス】
市バスで「堀川今出川」下車すぐ。または地下鉄烏丸線「今出川」駅下車、徒歩7分。

西陣織。京都を代表する絹織物ブランド

その後は豊臣秀吉の庇護を受けて繁栄し、江戸時代には、その豪華絢爛《けんらん》たる織物は武将たちや富裕な町人の圧倒的な支持を受けて最盛期を迎えた。明治になると、海外の技術を取り入れるためフランスのリヨンに職人を送り込み、ジャガード機やバッタン機などを導入し、西陣織の機械化、近代化を推し進めた。

西陣織の特徴は先染めで模様を織りだす点にあり、織り上がるまでに多数の工程が必要になる。これらの工程には、図案、製紋、撚糸《ねんし》、糸染め、製織、整理加工、仕上げなどがあり、それぞれが分業で行われている。現在は、着物の需要の減少などの問題はあるが、織手たちは次世代に技術を引き継いでいくため、プロジェクトを組織してイベントや西陣織普及に努めている。

堀川通の西陣には現在、西陣織会館という資料館が建てられて、着物ショーや西陣織の資料展示などを行っている。その近くには応仁の乱で西軍の大将となった山名宗全の邸跡があり、石碑が建てられている。

風呂敷

花の御所で大活躍

花の御所跡碑

風呂敷《ふろしき》が生活必需品であった時代から、現代はライフスタイルが大きく変わって風呂敷が使われる機会はほとんどなくなった。機能的でおしゃれなバッグが風呂敷に取って代わった。だが、いま再び風呂敷の利点と魅力が見直されている。日本の和文化の代表ともいえる風呂敷は、海外でも人気が高まり、日本の土産物の代表となっている。

何でも自由に包むことができ、結び方や包み方によってどんな形にも変化させられる。抱えてもいいし、バッグのように提げることもできる。使わないときは小さく畳めば邪魔にならない。その自由で変幻自在なところが人気の理由だ。鮮やかな色使い、華やかな模様、おしゃれなデザインの風呂敷は、近頃では若い人たちも好んで使う。贈り物にも最適である。

京都には、この日本の伝統と文化が凝縮された風呂敷の老舗が多くあり、なかには戦国時代から四〇〇年以上の歴史を持つ店もあるかと思えば、時代の最先端をいくファッションデザイナーがデザインした斬新な風呂敷を扱う流行の店もある。

では風呂敷はいつから使われだしたのだろうか。

その起源には諸説あって明らかではないが、奈良時代には雅楽の衣装を包むものとして使われていたのがはじまりという説がある。この頃は風呂敷とはいわず、「衣包《ころもつつ》み」「平包《ひらづつ》み」といった。現存する最古のもので包みらしきものが、正倉院《しょうそういん》に所蔵されている。

また、奈良・平安時代に、寺院にあった蒸し風呂に入浴する際、床やスノコの下に薬草を入れて燃やしたが、床に直接座ると熱いので、布を敷いて座ったという。これが風呂敷のはじまりではないか、という説もある。

風呂敷が初めて記録に登場するのは室町時代のことで、三代将軍の足利義満《よしみつ》は京都の北小路室《きたこうじむろ》町《まち》に「室町殿」という邸宅をつくった。この邸宅はその美しさから「花の御所《ごしょ》」とも呼ばれたが、この御所に大湯殿も造営した。そして各地の大名を風呂に招いて入浴と宴の会を催した。当時、風呂に入るのは、入浴後の茶菓子や食事の接待つきで、社交儀礼の一種であり、もてなしや宴の会の意味合いもあった。

そのとき招かれた大名たちが入浴する際に、自分が脱いだ衣を他の大名のものと間違えないように、家紋をつけた布を敷いてこれに脱いだ衣を包んだり、この布の上で身づくろいをしたという。この布が、風呂で敷くから「風呂敷」と呼ばれるようになったという。

江戸時代になって庶民にも銭湯が普及すると、庶民が銭湯で脱いだ衣類を包んだり、その上で

【花の御所跡碑へのアクセス】
地下鉄烏丸線「今出川」駅から徒歩すぐ。

「花の御所」と呼ばれた足利義満邸跡

着替えるのにも風呂敷が用いられるようになり、風呂敷の名は一般にも広まっていった。さらに、江戸期になると庶民が物見遊山や旅に出かける機会が増えたので、風呂敷を使う機会も増えていった。

江戸期からは富山の薬売りのように行商人も多くなり、彼らも商売で盛んに風呂敷を使うようになっていった。明治時代になると、贈答やハレの日の必需品となり、学生が学校に通うときに、本や教科書を包んだりと、生活に欠かせないものとなった。

近頃、またその優れた点が注目され始めている風呂敷。その記録に残る確かな由来は、足利義満が花の御所の湯殿に招待した大名たちが、風呂に入るときに使った布であったのである。

扇
貴族の正装の必需品に

五条大橋／誓願寺

京都市内には、風呂敷と同様に扇《おうぎ》専門の老舗が多い。日本舞踊や能、歌舞伎など、舞台で使われたり、茶道で使われたり、和服を着る時に持つなど、京都ではいまも扇を用いる機会が多いからであろう。

扇と同様にあおいで涼をとるものに「うちわ」がある。うちわは紀元前の中国や古代エジプトなどでも涼をとるために使われていたように、文明発祥と同時に世界各地でつくられたが、扇は日本が発祥の和文化のものである。

扇の起源は平安時代のはじめで、数枚の木簡を束ねて一方の端に穴を開け、ひもなどを通して閉じて使った「檜扇《ひおうぎ》」がはじまりといわれる。これは開いてあおぐものではなく、メモ帳で、文書を記述して保存しておくものであった。主に貴族や朝廷の官人が公の場で記録するために使ったといわれる。

また、檜扇に絵が描かれるようになると、装飾品として貴族の正装の必需品となり、女性も好んで使うようになった。

その後、平安時代の中期に竹や木の骨組みに片方の面だけ紙を貼った「かわほり扇」が登場し、これが現在の扇の原形といわれる。これは貴族の女性や朝廷に仕える女性にも用いられた。この頃の扇はあおいで涼をとるだけでなく、和歌や文を書いて贈ったり、花をのせて贈る儀礼や贈答の道具として使われた。

また円融《えんゆう》天皇の天禄《てんろく》四年（九七三）に宮中において、扇に描かれた絵や材質の良さを争う「扇合わせ」が行われたことが史書に記されている。

鎌倉時代以降になると、庶民にもしだいに普及していき、能や芝居に使われるようになっていった。江戸時代には公家、武家のほか庶民の日常や冠婚葬祭に欠かせないものとして発展していった。

しかし昭和になって扇風機が登場すると、うちわとともに扇も日常では使われなくなっていく。そのかわり、冠婚葬祭に用いる祝儀扇や部屋の飾り、舞や能、茶道などに用いられていく。

このように、扇の起源は平安時代の京都で貴族や官人が文字を記すメモや歌を書いて贈るために使った檜扇であった。

面白いことに、京都には扇発祥の地として扇塚が二カ所に設けられている。一つは五条大橋西北詰めにある扇塚で、「扇発祥の地」の石碑が建てられている。

【扇塚へのアクセス】
京阪「清水五条」駅から徒歩２分。

扇塚。かつて五条界隈は多くの扇職人が集まる扇の産地だった

この地には平安時代、平時宗《たいらのときむね》御影堂《みえいどう》があった。平敦盛《あつもり》の妻は夫の没後、菩提を弔うために出家して御影堂に入り、寺の僧とともに扇をつくりはじめた。これが「御影堂扇」として知られるようになり、多くの扇職人が五条界隈に集まってきて、扇がさかんにつくられるようになったという。そこで、京都ではこの地に扇塚と石碑を建てて、現在も伝統ある京扇の発展を祈願している。

また、新京極にある誓願寺《せいがんじ》は、芸事上達の御利益があるといわれ、古くから今に至るまで芸能の世界の人々の信仰を集めている（九〇頁「落語」参照）。世阿弥作の謡曲「誓願寺」のいわれによるもので、境内には扇塚があり、多くの人が芸事上達の祈願とともに扇を奉納している。

丹後ちりめん

ちりめん街道を歩き往時を偲ぶ

峰山町／与謝野町

ちりめんとは、絹織物のなかでも、縦糸に撚《ねじ》りのない糸を使い、強い撚りをかけた横糸と交互に織ったもので、そのため織り上がった生地には「しぼ」という凹凸があらわれる。このしぼは絹の持つ光沢を抑えて、しなやかな肌触りとドレープ感、深い色味を生みだす。生糸《きいと》で織った後で染色をする。友禅染《ゆうぜんぞめ》や無地染《むじぞめ》などのあらゆる染色に使われ、主に高級な呉服、帯をはじめ風呂敷、半衿などの和装小物に加工されている。

このちりめんの起源にも、いくつかの説がある。天正年間（一五七三〜一五九二）に大坂堺の織工が、中国の明に習って始めたものが、京都の西陣に伝えられたという説がある。

だがそのちりめんを高級呉服の生地として確立させ全国的に広めたのは、京都府北部の丹後地《たんご》方で、縮緬《ちりめん》技術が丹後に伝えられたのは江戸時代の享保《きょうほう》五年（一七二〇）頃のことである。

丹後地方は、京都市内の太秦《うずまさ》と同様に古くから養蚕《ようさん》と絹の生産が行われていた。正倉院《しょうそういん》御物のなかに丹後地方から調貢した「あしぎぬ」が残されているので、奈良時代には絹織物がつくられていたと思われる。平安時代には「精好《せいこう》」という高級な絹織物が織られ、その後は絹紬《けんちゅう》もつくられるなど発展してきた。しかし江戸時代になると、京都西陣の発展に押され、また延宝《えんぽう》八年（一六八〇）と享保二年（一七一七）の相次ぐ凶作により、丹後の絹生産は危機的状況に陥った。そこで、丹後の峰山《みねやま》藩の絹屋《きぬや》佐平治《さへいじ》と宮津《みやづ》藩の山本屋《やまもとや》佐兵衛《さへえ》、手米屋《てごめや》小右衛門《こえもん》の三名が西陣に出向いて機屋に奉公し、ちりめん技術を学んで持ち帰った。

丹後地方ではすでに絹紬の技術があったので、佐平治らの技術によって見事な丹後独特のちりめんができあがり、生産が開始された。丹後ちりめんはしだいに洛中での人気も高まり、峰山藩も販路開拓に乗り出すなど活況を呈してきた。享保一五年（一七三〇）、峰山藩主は丹後の繁栄を喜んで、佐平治の功績をたたえ、「お召しちりめん屋」の称号を与えた。この年には西陣が大火に襲われて織機が灰となったため、ますます丹後に注文が殺到し、丹後ちりめんは大いに発展した。

明治のはじめ、峰山町は織元《おりもと》と改められ「丹後ちりめん始祖森田治郎兵衛翁《もりたじろべえおう》（佐平治のこと。筆者注）発祥地」の石碑が建てられた。大正、昭和初期には丹後ちりめんは黄金期を築き、高度成長期には高級絹織物として人気を博し、丹後は和装ちりめんの最大の生産地となったのである。

現在、峰山町と同様に丹後ちりめんの生産地であった与謝野《よさの》町加悦《かや》には、ちりめん産業で栄えた江戸時代の風情溢れる建造物が多数残り「ちりめん街道」と呼ばれている。手米屋小右衛門の本家である杉本家の邸宅前には、やはり「縮緬《ちりめん》発祥之地」の石碑が建てられている。

学生服・セーラー服

パリモードを取り入れた最先端ファッション

京都師範学校／平安女学院

京都は歴史と伝統を重んじる古い街であるが、一方で、常にモダンで先進性を求める精神性も兼ね備えた街である。いまでは伝統的な文化となった歌舞伎や能楽、西陣織《にしじんおり》や茶道にしても、それらが京都で興ったときは、当時としては、人々が驚くほど最先端で革新的なものであった。また歴史的なものを大事に継承する半面、西洋文化を取り入れるのも早かった。京都人は先進的で独創的である。

明治から大正にかけて、西洋文化が次々に流入して世の中は激変した。衣類では洋服が登場して和装から洋装に変わっていく。だが学生は、男子も女子も明治のはじめは着物に袴というスタイルだった。

明治五年（一八七二）、フランスにならった学制が公布されて新たな教育体制の整備がはじまると、学生服が登場する。明治四年（一八七一）にできた工部省《こうぶ》工学寮《こうがく》（後の東京大学工学部）や札幌農学校（後の北海道大学）では、作業着風の制服が採用された。

詰襟《つめえり》の男子学生服が登場するのは明治一二年（一八七九）の学習院で、紺色の立ち衿の海軍士官の制服をモデルにつくられた。学習院は、はじめは京都御所内につくられたが、明治一〇年（一八七七）に東京に移設された。だから、この制服が生まれたのは東京である。

黒の詰襟の一般的な学生服いわゆる「学ラン」は、京都が発祥である。明治一七年（一八八四）に京都師範学校《きょうとしはん》（後の京都教育大学）で当時の陸軍の制服をモデルにつくられた。陸軍の制服が採用されたのは、一般大衆と区別できる端厳な姿、国と大学への帰属意識をあらわし、兵式体操、行軍旅行を行うことから、規律性と機能性に優れた陸軍の制服がモデルに最適とされたからである。

明治一九年（一八八六）には全国の高等師範学校で制服が採用されることになった。京都では明治二二年（一八八九）から京都最古の洋服店である村田堂《むらたどう》が、京都市内の学生服の製造・販売を一手に担うことになった。この村田堂は現在も高倉《たかくら》通二条で、学生服をはじめユニフォームの製造を続けている。

江戸時代、日本に最初に入ってきた西洋の学問がオランダの蘭学であり、その後、西洋の学問全般を「蘭学」と呼んだ。ゆえに黒の詰襟の学生服を学ランと呼ぶようになったという。

一方の女子学生の制服はというと、男子より遅れて大正時代になってから。女子にはやはり着物に袴という伝統的な乙女の姿が好ましいと思われたようだ。やがて大正デモクラシーが起こり女子教育や体操教育の必要性が高まり、洋装の女子学生服が考案された。

そしてやはり女子学生服の発祥も、京都であった。京都の平安女学院《へいあんじょがくいん》が大正九年（一九二〇）にセーラー衿の紺色のワンピースを制服に採用したところ、モダンで斬新なファッションとして大変な人気となったという。

モデルにしたのは英国海軍の水兵の制服で、当時、西洋では英国海軍水兵のセーラー服は子どもの晴れ着として流行、二〇世紀になってからは、女性の流行ファッションとして人気を集めていた。平安女学院ではパリから伝わったファッション雑誌のなかに載っていたセーラー服を参考にしてデザインした。当時の最先端のパリモードを取り入れた平安女学院のセーラー服に憧れる女子は多く、入学希望者が急増したという。

いまでも中高生の制服に学ランとセーラー服が残っているが、時代の流れとともに消えつつある。最近はブレザー型の制服にとってかわりつつあり、制服を廃止し私服通学の学校も増えている。学ランもセーラー服も古臭いファッションになったのであろう。

しかし明治初期の日本では、学ランとセーラー服は、学生というエリート意識をくすぐる最先端ファッションであり、その発祥の地は革新と先進の街、京都であった。

6章

「物づくり」の発祥物語

島津製作所

京都が誇る「日本のエジソン」

島津製作所創業記念資料館

●気球

明治維新によって開国すると、日本は西洋文化を次々に取り入れ、外国に遅れまいとして近代化や科学技術の発展を急いだ。京都にとって近代化は、新しく首都になった東京よりも喫緊《きっきん》で深刻な問題であった。

そんな時代、京都に日本の近代化を一手に担った優秀な科学者が誕生した。日本の近代化が成功したのは、京都のこの人物のおかげといっても過言ではないだろう。

島津製作所《しまづせいさくしょ》の創業者である初代島津源蔵《げんぞう》と、二代目の島津源蔵の親子だ。二人はさまざまな近代的機械を次々に発明した、京都が誇る「日本のエジソン」である。

島津製作所は、現在、精密機器、医療機器、航空機器などの開発・製造を手がけ、創業以来京都の物づくりをリードしてきた。平成一四年（二〇〇二）にノーベル化学賞を受賞した田中耕一《たなかこういち》氏が勤務していることでも知られる。

中京区の木屋町《きやまち》通二条下ルに、島津製作所創業記念資料館がある。ここは初代島津源蔵が家業を創業した地で、源蔵が居住し約四五年間本店として使用した。この資料館に初めて行ったとき、筆者は源蔵親子と島津製作所が生み出した機械や機器の多さ、彼らの偉大さに驚かされた。資料館には、明治から現在に至る発明品と源蔵親子や製作所の歴史について多くの展示がされている。

それらの資料から、源蔵親子が尽力した京都の近代化を振り返ってみよう。

初代島津源蔵は、江戸時代末に仏具職人の家に生まれ、京都の木屋町で仏具製造業を営んでいた。明治になって京都は殖産興業、科学振興に力を入れ、明治三年（一八七〇）に理化学の授業と工業製品の開発・製造を行う京都府立の舎密局《せいみきょく》を設けた。それが源蔵の店の近くで、源蔵は舎密局に出入りするようになり、さまざまな技術や知識を身につけ、これからの日本には理化学が必要であることを痛感し、明治八年（一八七五）、理化学器械の製造に転じたのである。

それからの源蔵は、「物理化学の器械で東京でできないもの、費用が莫大にかかるものも教科書の図を見せると、費用をかけずにつくり上げた」といわれるほどの天才ぶりを発揮し、その才能は京都市中に轟《とどろ》いていった。

そんな源蔵に、京都府知事の槇村正直《まきむらまさなお》（一八三四〜一八九六）らが人が乗れる気球の製作を命じたのは、明治一〇年（一八七七）のことだ。気球は天明三年（一七八三）にフランスにおいて世界で初めてあげられている。物理学者シャルルとその弟が水素ガスを使った気球をパリの空に飛ばして大評判になり、その後も西洋では水素気球の研究が盛んになった。そこで知事らは京都で気球を開発すれば、東京に首都が移って意気消沈していた京都の活性化につながり、京都が最先端の産業都市であることを全国にアピールすることができると考えたのである。

しかし舎密局には水素ガスを発生させる知識はあったが、人を乗せて浮揚させるほど大量に水素ガスを精製する方法や気球をつくる知識や資料は何もなかった。源蔵が渡されたのは外国雑誌に載っていた一枚の気球の絵だけであった。さすがの源蔵もこれには苦労した。気球は丈夫で気密性に富み、軽くなければならない。気球の本体を何でつくればよいのかわからず、試行錯誤を繰り返した。そしてついに絹の羽二重にエゴマ油で溶いたゴムを塗って球体とする方法を編み出したのだ。

さらに源蔵は島津の取引先である三崎《みさき》商店という木工店の店員を気球に乗せる人物に選んだ。小柄で軽い人物だったからだという。

こうして明治一〇年（一八七七）一二月六日、京都御苑内の仙洞《せんとう》御所《ごしょ》の広場で気球をあげることになった。そのときの様子が描かれた絵図が島津製作所創業記念資料館に展示されている。その絵図を見ると、大きな気球がいままさに京都の空にあげられるところである。

会場には初の気球飛行を見ようと、約五万人もの人が押し寄せ、小学校や女学校からも学区ごとに生徒の一団が見物にやってきて大観衆でごった返したという。大観衆が固唾《かたず》をのむなか、気球は三崎商店の店員をゴンドラに乗せて約三六メートルも上がり、日本初の有人飛行に成功した。
大観衆は拍手喝采で沸き、京都府は会場の入場料で大きな収益を上げた。これによって、京都は東京よりも近代化や科学技術が進んだ都市であることを全国に示し、島津源蔵の名を世に知らしめたのであった。

●レントゲン

明治二七年（一八九四）、初代島津源蔵が五五歳で急逝し、長男の梅治郎《うめじろう》が二代目源蔵として家業を継いだ。資料館によると、二代目源蔵の天才ぶりは父親にひけをとらず、わずか一五歳で電気を発生させる感応起電機を発明し、京都勧業博覧会に出品するなど、早くからその才能を発揮していた。後には「日本のエジソン」と呼ばれ、一八〇件近い発明をし、昭和五年（一九三〇）に日本の十大発明家の一人として宮中晩餐会に招待されている。また島津製作所を大きく発展させた実業家でもある。

二代目源蔵の天賦の才を発揮した発明が、日本初のX線装置である。明治二八年（一八九五）、レントゲン博士によってX線が発見された。源蔵はそれを知るとX線の研究に着手し、翌二九年には、早くも国内初のX線写真の撮影に成功している。西洋の科学者に劣らない京都が誇る天才頭脳といえるであろう。さらにその翌年である明治三〇年には教育用X線装置を商品化し、明治四二年（一九〇九）には医療用X線装置を開発した。

源蔵が開発したX線装置は、舶来品が賛美された時代に、国産機でありながらその性能が評価されて圧倒的に市場に出回り、以後、「レントゲンの島津」の名を高めることになっていった。医療を画期的に近代化させたレントゲン装置の開発・製造が、明治の首都東京ではなく、京都の民間企業からであったこと、これは京都が誇っていいことだと思う。

資料館によると、島津はその後、日本の医療用X線装置のパイオニアとしての役割を現代まで引き継いでいる。二代目源蔵は、昭和二年（一九二七）、木屋町の本社内に島津レントゲン技術講習所を設けてX線技師の養成に努めた。この養成所は現在は京都医療科学大学となっている。

●蓄電池

現在、蓄電池《ちくでんち》とは、二次電池、またはバッテリーといい、自動車、携帯電話、ノートパソコン、デジタルカメラなどさまざまなものに使われている。

明治三〇年（一八九七）、二代目源蔵は、日本初の鉛蓄電池を発明し、これは後に改良されて「GS蓄電池」となったが、このときが日本の蓄電池産業の発祥であった。この開発によって、はじめて国内で蓄電池の生産ができるようになり、当時としてはきわめて画期的な開発であったといえる。

第一次世界大戦がはじまると、外国からの蓄電池の輸入が途絶えたため、源蔵の蓄電池は国内での需要が高まり、島津製作所の蓄電池工場は独立して日本電池株式会社となった。源蔵はこの会社でも開発にいそしんで大正九年（一九二〇）には「易反応性鉛粉製造法《えきはんのうせいえんぷんせいぞうほう》」を発明し、発明品博覧会で大賞を受賞した。この「易反応性鉛粉製造法」が開発されたおかげで、電池を動力とする輸送機の製造が可能になり、バッテリーフォークリフトがつくられるようになった。この功績により、源蔵は日本の十大発明家の一人に選ばれたという。

●人体解剖模型

小学校や中学校の理科室には、等身大の人体解剖模型《じんたいかいぼうもけい》がおかれていることが多い。少々不気味だが人体を解剖して内臓や筋肉を露出して見せる模型である。医療の現場や医学教育では、人体の内部を知るために貴重な模型である。

この人体解剖模型で紙に樹脂を貼るファイバー製のものを最初につくって特許を取ったのが、二代目島津源蔵である。

初代源蔵は、理化学器械だけでなく、人体の構造や動植物の生態、鉱石、生命の神秘にも関心を抱いていた。その初代の遺志を引き継いだのが、二代目源蔵だった。彼は明治二八年（一八九五）に本社に標本部を新設した。器械製作とは全く違う技術と知識が必要だった。そこで源蔵は

【資料館へのアクセス】
地下鉄東西線「京都市役所前」駅から徒歩３分。または京阪電鉄「三条」駅から徒歩７分。

島津製作所創業記念資料館。近代科学発祥の地である

大学教授や専門家を迎えて指導を受け、また彼らを入社させた。そして植物模型や鉱石の標本、人体模型をつくりはじめた。

明治二四年（一八九一）ごろから紙製造を手掛けていた源蔵は、これに改良を加えてファイバー製の人体模型をつくり、明治四四年（一九一一）に特許を取り、「島津式ファイバー製」と名付けた。ファイバー製は乾燥や湿気に強く、軽くて発色もよく、以後、多くの模型に応用されることになる。さらにこの模型は一三八ものパーツに分解でき、人体の仕組みや生命の神秘を目で見ることができた。

標本部は島津製作所の理化学器械と並ぶ重要な部門となったが、昭和の初めに世界恐慌のためビジネスとして成立しなくなり、標本部は昭和一九年（一九四四）に閉鎖された。その後、昭和二三年（一九四八）に、標本部を引き継いだ京都科学標本株式会社を設立、二代目源蔵の長男良蔵《りょうぞう》が社長に就任した。これが現在の株式会社京都科学である。

琵琶湖疏水、水力発電所

清盛や秀吉が見ていた夢の実現

蹴上発電所

京都は水が豊かな街である。市内には鴨《かも》川、桂《かつら》川、宇治《うじ》川、木津《きづ》川が流れ、近くにはわが国最大の琵琶湖《びわこ》がひかえる。京都市の生活や産業を支える水源の多くは、この琵琶湖からの水である。

現在は琵琶湖疏水《そすい》（水路）によって、京都市内に運ばれている。第一疏水は琵琶湖の大津の取り入れ口から第一トンネルに入り、京都の山科《やましな》区から蹴上《けあげ》を経て北と西に分かれて流れる。第二疏水も蹴上で合流して鴨川と並行して流れ、伏見を経て宇治川に入る。南禅《なんぜん》寺の近くには琵琶湖疏水記念館が建てられており、疏水建設の歴史を知ることができるので、足を運んでみた。

その展示資料によると、この琵琶湖疏水は明治一八年（一八八五）に着工し、明治二三年（一八九〇）に完成しているが、滋賀県と京都の間には硬い岩石でできた長等《ながら》山がそびえており大変な難工事であったという。

京都に琵琶湖の水を引くことは長年の夢であった。北陸や近江《おうみ》の物資は琵琶湖を船で大津まで運ばれ、そこからは陸路を京都まで運ばれたが、途中の逢坂《おうさか》山や日ノ岡《ひのおか》峠の山越えは大変な難所であった。これを解消するには、疏水を京都まで引いて船で物資を運ばねばならなかった。また疏水は田畑を潤す水源としても欠かせなかった。そのため古くは平清盛《たいらのきよもり》や豊臣秀吉《とよとみひでよし》も考案していたというが、実現には至らなかった。

明治になると首都が東京に移され、京都は殖産興業に力を入れ近代化を目指したが、難点があった。京都は工業原料に乏しく、内陸の盆地にあるため石炭の産地からも遠く入手が困難だった。そこで、疏水で琵琶湖と京都を結び、さらに淀《よど》川で大阪と結び、琵琶湖から大阪湾までの輸送ルートを開拓することが不可欠となった。

この難工事に挑んだのが、当時の京都府知事であった北垣国道《きたがきくにみち》(一八三六〜一九一六)で、疏水建設の主任を工部大学校(現在の東京大学工学部)を卒業したばかりの田辺朔郎《たなべさくろう》に任命。巨額の資金がつぎこまれ、約四〇〇万人が工事に携わったという。長等山のトンネルは当時では最長の二四三六メートルで最も難工事であった。

しかし他にも難題があった。琵琶湖の水路を京都まで延ばすと、蹴上の舟溜《ふなだまり》から南禅寺の舟溜までの約五〇〇メートルの距離に三六メートルの高度差が生じるため、船が先に進めなくなってしまうのだ。そこで田辺は「インクライン」という傾斜レールを敷いて台車に船を載せて運ぶ傾斜鉄道を考案した。これはわが国初の試みであった。しかし船を運ぶ鉄道には膨大な電力が必要だった。

疏水工事中の明治二一年（一八八八）、田辺はアメリカ合衆国のコロラド州に開業した世界初の水力発電所を見学し、インクラインに必要な電力を水力発電で供給することを決定。帰国すると水力発電所の建設を疏水工事に追加した。こうして日本初の事業用水力発電所が明治二四年（一八九一）、蹴上に完成した。水力発電によって得られた電力はインクラインだけでなく、京都市内に電力を供給し、日本初の路面電車を走らせ、西陣織物産業をはじめ工場の電気化を促進し、産業発展の原動力となったのである。

長さ約二〇キロにおよぶ琵琶湖疏水の建設と二四三六メートルの長等山のトンネル工事は日本初の快挙であるし、インクラインという傾斜鉄道も日本初。事業用水力発電所も日本初と、ここには京都が誇る日本初の近代技術が集まっている。

いまも蹴上発電所は関西電力により運営されている。その近くには舟を台車に乗せて走ったインクラインの史跡が残り、蹴上疏公園が設けられて田辺朔郎の銅像や碑がある。春にはこの一帯の疏水に沿って桜が見事な景観を見せる。また南禅寺や山縣有朋《やまがたありとも》の別荘であった無鄰庵《むりんあん》はじめ京都の近代化を進めた財閥の別荘が立ち並ぶ。京都国立近代美術館や京都府立図書館、京都市立美術館、平安神宮も近く、京都でも近代的なモダンな香りがする地域になっている。

鉄筋コンクリート建築

近代技術の夜明けの象徴

日ノ岡第一一号橋／山ノ谷橋

琵琶湖疏水《びわこそすい》事業には京都が誇る「日本初」の近代技術が多数あるが、そのなかでも疏水事業を指揮した田辺朔郎《たなべさくろう》の偉業がもう一つある。鉄筋コンクリート構造物を日本で初めてつくったのである。

それが疏水の第二トンネルと第三トンネルの間に架かる、日ノ岡《ひのおか》第一一号橋である。地下鉄東西線の蹴上《けあげ》駅と御陵《みささぎ》駅の中間に位置し、東山連峰の山裾を縫うように開削された疏水に架けられている。この辺りは住宅もなく、木々に囲まれた静かな地域だ。

日ノ岡第一一号橋は、第三トンネルの入り口が見える辺りにひっそりとあり、疏水の南側の橋のたもとに「日本最初の鉄筋コンクリート橋」の小さな石碑が建つ。疏水の北側にも木々の中に「本邦最初鉄筋混凝土橋《ほんぽうさいしょてっきんこんくりーときょう》」と掘られた石碑が建つ。石碑がなければ、そんなに重要な歴史的意味を持った橋とは思えない外観である。

疏水記念館の資料によると、明治三六年（一九〇三）七月に架けられたもので、設計は田辺朔郎。幅一・六メートル、長さ七・五メートル、厚さ三〇センチの小さな橋だ。後付けで補強桁とフェンスなどが取り付けられ、橋の中央が緩くアーチ状に沿ったつくりになっている。

石碑にある「混凝土」とはコンクリートのことである。コンクリートは砂利、砂、水をセメントで結合させたもので、鉄筋コンクリートはコンクリートに鉄の棒を埋め込んだもの。コンクリートは耐火性、耐水性、耐久性に富み、圧縮には強いが引っ張りの力には弱い。そこで鉄の棒を入れて引っ張りにも強くしたのが鉄筋コンクリートである。

世界ではじめて鉄筋コンクリートの橋がつくられたのは一八七五年、フランスにおいてである。それからわずか三〇年後に、田辺朔郎は琵琶湖疏水に鉄筋コンクリート橋を誕生させたのである。

琵琶湖疏水工事では、長等山《ながら》に当時では日本一長いトンネルを掘るなど難工事があり、日本が招いていた外国人の土木技術者で有名なデ・レーケたちも、不可能であると予告していた。当時の日本はトンネル掘りや鉄道敷設などの土木作業は、外国人の技術者に頼っていた。ところが、田辺は外国人技師を一切使わず、これも初めて日本人の技術者と作業員だけで疏水工事を成し遂げた。

鉄筋コンクリート橋も日本人スタッフだけで、おそらくは国産のセメントを使ってつくられたのであろう。セメントはわが国で明治八年（一八七五）にはつくられていたからだ。

疏水にかかる橋では、もう一つ「日本初」がある。第二トンネルの東側、天智《てんじ》天皇陵の近くに

日ノ岡第一一号橋。日本で最初の鉄筋コンクリート構造物

架かる「山ノ谷橋《やまのたに》」は日本最初のコンクリート・アーチ橋である。中央が見事なアーチを描いており、洗練された優美な姿をしている。

日ノ岡第一一号橋が竣工した翌明治三七年（一九〇四）に完成した。この橋の設計も田辺朔郎と、その弟子の山田忠三《やまだちゅうぞう》で、技手は河野一茂《かわのかずしげ》である。

鉄筋コンクリートが普及するまでは、西洋ではコンクリート・アーチ橋がさかんにつくられていた。田辺らは、その西洋の洗練された優美な橋も疏水につくりたかったのであろう。日ノ岡第一一号橋と山ノ谷橋のいずれも、土木学会の近代土木遺産と国指定史跡に選ばれている。

それにしても、「日本初」の技術をあまた生みだしてきた田辺朔郎の功績は素晴らしい。そして京都の琵琶湖疏水は、間違いなく日本の近代土木技術の発祥の地であったと言える。

貨幣鋳造所

かつての首都で生まれた和同開珎

加茂町銭司

京都府の南端、奈良県との県境に木津川市加茂町《きづがわかも》がある。市内を木津川が流れ、丘陵地に開けた盆地で自然豊かな田園である。この地区には意外に歴史的遺産や遺跡が多い。奈良県に隣接しているので、筆者も奈良を訪れるときによく足を運んだ。

この木津川市加茂地区が、かつては日本の首都であったことを知らない人は多い。平安京がつくられる前に、奈良に平城京をつくった聖武《しょうむ》天皇は天平一二年（七四〇）、山城国相楽郡《やましろそうらく》のこの地に恭仁京《くに》を設けて遷都した。大極殿を平城京から移築し宮殿が築かれ、条坊制による区画割りによって都が整備された。

聖武天皇は平城京を奈良につくったが、たびたび疫病や災害、戦乱に見舞われたので、平城京を離れようと、この加茂の地に遷都したのである。北に険しい山をひかえ、南は平野が開け、その中央を木津川が流れる盆地は、都にふさわしかったからだ。

そして恭仁京には宮殿のほかに行政官庁や国政を司る建物がつくられていった。しかし恭仁京はわずか四年しか続かなかった。その後は山城国国分寺となり、現在は大極殿の基壇と塔基壇が田園の中に残されている。

かつて都が置かれたように、この地は木津川や街道が東西に通り水陸交通の要衝で、当時は重要な地であったようだ。

そのためこの加茂地区には日本初の貨幣製造所が置かれ、初めての流通貨幣である「和同開珎《わどうかいちん》」が製造された。和銅元年（七〇八）のことであるから、平城京ができる以前のことである。当時は米や布を中心とした物々交換の時代であったが、古代王朝は統一国家として貨幣の発行も重要な課題であった。そのうえ、平城京遷都の直前であったので、その遷都の費用を捻出するためでもあった。

加茂町には現在も「銭司《ぜず》」という地名がある。和同開珎が製造されていた鋳銭司《ちゅうせんし》（貨幣をつくる役所）が置かれたのでこの地名がつけられたという。ここに鋳銭司が置かれたのは、平城京に近かったことと、水陸両面の輸送が便利だったこと、さらには当時、優れた技術や能力を持って朝鮮半島から日本にやってきた渡来系の人々がこの近くに住んでいたことも大きな理由の一つである。彼らが高度な鋳造技術をこの地の人々や鋳銭司に勤める人々に伝えたのである。加茂町には優れた鋳造技術者が集まり、ここは日本の貨幣鋳造技術の発祥の地となったのである。

現在、加茂町銭司のバス停の近くに「鋳銭之遺跡」の石碑が建っている。

近代医学

『解体新書』以前に行われていた人体解剖

六角獄舎跡

わが国に西洋医学が伝えられたのは、室町時代の鉄砲伝来以降で、ポルトガルやスペインの宣教師が西洋医術をキリスト教布教に用いたといわれている。初めて西洋式の病院がつくられたのは弘治《こうじ》三年（一五五七）、ポルトガルの商人で医師であったアルメイダが豊後《ぶんご》（大分市）に建てた総合病院で、西洋医術が初めて導入された。

しかし、それまでは医療を行うのは、最高の知識を学んでいた僧侶や僧医で、東洋医術、漢方が主流であった。

江戸時代に蘭学が興隆すると、それに伴って西洋医学を学ぶ者が増えていった。学校では、歴史の授業で安永《あんえい》三年（一七七四）にオランダ語訳の解剖書『ターヘル・アナトミア』を日本語に翻訳して『解体新書』を著した杉《すぎ》田《た》玄白《げんぱく》、前野良沢《まえのりょうたく》、中川淳庵《なかがわじゅんあん》らが、西洋医学を初めて導入した日本人だと教えられただろう。彼らはオランダの商館から『ターヘル・アナトミア』を入手し、その精密な図版や解剖図を見てショックを受ける。そして明和八年（一七七一）、骨《こつ》ケ《が》原《はら》（南千住の小塚原刑場《こづかっぱら》）で死体の解剖を実見し、『ターヘル・アナトミア』の正確さにますます驚嘆し、これを日本語に翻訳して刊行した。『解体新書』は日本初のオランダ語からの翻訳本であり、玄白は後の文化一二年（一八一五）に回想録『蘭学事始《らんがくことはじめ》』も著した。この玄白らの活躍が日本の医学に大きな功績を残し近代医学のスタートだといわれてきた。

しかし、じつは、わが国の近代医学のスタートは、政治の実権が江戸に移っても学問、仏教、文化の都であり続けた京都であった。

京都市中京区六角通因幡町、六角通りに面したマンションの一隅に、「日本近代医学発祥之地　山脇東洋《やまわきとうよう》顕彰」の石碑、その左脇に「勤王志士《きんのうしし》　平野国臣《ひらのくにおみ》外数十名終焉之地」の石碑が建つ。さらにその奥に「日本近代医学のあけぼの山脇東洋観臓《かんぞう》之地」の石碑と「殉難《じゅなん》勤王志士忠霊塔　枢密院議長　原嘉道書」の石碑と、志士たちを祀る小さな祠がある。

「山脇東洋観臓之地」の石碑には、次のような文章が刻まれている。

「一七五四年　宝暦四年閏二月七日に山脇東洋（名は尚徳　一七〇五～一七六二）は所司代の官許をえてこの地で日本最初の人体解屍観臓をおこなった。江戸の杉田玄白らの観臓に先立つこと一七年前であった。

この記録は五年後に「蔵志」としてまとめられた。これが実証的な科学精神を医学に取り入れた成果のはじめで日本の近代医学がこれからめばえるきっかけとなった。
東洋のこの偉業をたたえるとともに観臓された屈嘉《くつか》の霊をなぐさめるためここに碑をたてて記念とする。
一九七六年　三月七日
日本医師会　日本医史学会　日本解剖学会　京都府医師会」

そう、ここはわが国で初めて人体解剖が行われた場所で、近代医学発祥の地なのである。石碑が建つ場所は江戸時代中期には「六角獄舎《ろっかくごくしゃ》」という牢獄があり幕末には主に政治犯や勤王志士が収容されていた。

解剖を行ったのは医者であった山脇東洋とその弟子の四人であった。山脇東洋は宝永二年（一七〇六）、京都亀山の医家に生まれ、理論よりも実践を重んじる古医方を学び、人体の内部構造について五臓六腑説に疑いを持ち、自らカワウソの解剖を試みたが疑問は解けなかった。当時、人体解剖など人道に背く行為で許されるものではなかった。

宝暦《ほうれき》四年（一七五四）、六角獄舎で罪人が斬首刑に処せられ、それを知った東洋の弟子の医家たちが罪人の死体の解剖許可を京都所司代の酒井忠用《さかいただもち》に願い出た。酒井忠用は小浜《おばま》藩主で、弟子たちは彼の家臣であったことが幸いした。酒井は彼らの願いに深い理解を示して解剖を許可。不可能であった人体解剖が初めて実現することになった。

六角獄舎で処刑された屈嘉という男性の解剖が行われ、東洋らは漢方の五臓六腑説の誤りを知り、オランダ医学の正確さを知った。この国内初の解剖の記録は宝暦九年（一七五九）に解剖書『蔵志《ぞうし》』にまとめて刊行された。江戸の杉田玄白らは、この東洋らの解剖を知り大いに刺激されて羨ましがったという。しかし玄白らが解剖を実見できたのは、東洋らの解剖から一七年も経なければならなかった。

では、東洋らが日本の医学近代化の足がかりをつくったのに、なぜ注目されず、杉田玄白らの『解体新書』ばかりが日の目を見たのだろうか。

先にも触れたが東洋たちが解剖を行ったときは、人体解剖は非人道的行為でタブーであり、彼らもさんざんに批判を浴びた。世間は彼らの偉業を認めなかったのだ。それにひきかえ玄白らは一七年を経ていたし、京都では、このときすでに何例も人体解剖を行っていたから、世間の抵抗も少なかった。玄白は『解体新書』を徳川将軍家に献上までしているのだ。

しかし、日の目を見なかったとはいえ、東洋たちが成し遂げた偉業は日本の医学史に大きな第一歩を記した。まさに東洋たちが、京都の六角通の地で日本の近代医学のスタートを切ったのである。

六角獄舎跡に建つ記念碑。日本で初めて人体解剖が行われた

「日本近代医学のあけぼの」の碑。マンションの片隅にひっそりとたたずむ

【六角獄舎跡までのアクセス】
阪急京都線「大宮」駅から徒歩約７分。

電車

世界で五番目の快挙

「電気鉄道事業発祥の地」碑

わが国で初めて鉄道が開通したのは、明治五年（一八七二）一〇月一四日、新橋―横浜間であった。このことは歴史の授業でも習うのでよく知られているが、このとき走ったのは蒸気機関車であった。

では初めての電車は？

わが国初の営業用電車運行のトップを切ったのは、京都の伏見《ふしみ》線である。明治二八年（一八九五）二月一日、当時「七条ステンション」と呼ばれた七条《しちじょう》停車場（現在のJR京都駅構内）から伏見町下油掛《しもあぶらかけ》までの約六・五キロを走ったのが最初である。世界初の電車がベルリンで走ってから一四年後、世界でも五番目の快挙であった。

ではなぜ、首都東京ではなかったのか。東京では、これに先立つこと五年前の明治二三年（一八九〇）に、上野で開催された第三回内国勧業博覧会の会場内で、路面電車の試運転が行われていた。これが電車走行の最初だが、このときは会場内を走ったに過ぎず、実際の営業運転ではなかった。そこで東京でも電車を開業しようと敷設出願がなされていたが、時期尚早とされ、実現に至らなかった。

明治二一年（一八八八）、琵琶湖疎水《びわこそすい》事業を担っていた田辺朔郎《さくろう》と高木文平《ぶんぺい》は、アメリカの水力発電の視察にでかけ、マサチューセッツ州を走行する電車の姿を見て衝撃を受ける。高木は京都にも電車を走らせようと、帰国するとまず内務大臣に電車敷設の許可を出願した。

折から第四回内国勧業博覧会が京都で開催されることになっていた。開催をめぐっては、大阪と京都で争われたが、開催される明治二八年（一八九五）が平安遷都一一〇〇年に当たっていたため、その記念行事として京都で開催されることになった。

そこで、高木は記念事業の目玉として、また東京遷都後元気をなくした京都の活性化のため電車を走行させることを力説。その甲斐あって許可が出て、京都電気鉄道株式会社を設立、その一年後に初の路面電車が営業を開始したのだ。

そして二ヵ月後には、博覧会開催に合わせて七条—岡崎間を往復する「木屋町《きやまち》線」が開通したのである。

このように京都に東京よりも早く路面電車敷設の許可がおりたのには、高木の熱意のほかにも理由があった。

まず、最初の走行コースに伏見が入っているが、これは伏見稲荷《ふしみいなり》の参拝客が電車を利用すると

【京都電気鉄道事業発祥の地碑へのアクセス】
京阪本線「伏見桃山」駅または「中書島」駅から徒歩約８分。

旧京都市電の車輌。現在、広島で利用されている

当てこんでのこと。京都は神社仏閣が多いので、参拝客と観光客を乗客とすることができた。次に田辺や高木によって琵琶湖疎水の水力発電が開始され、電車の電力供給源が確保できたことがある。さらに、京都の道路は碁盤の目状につくられていたので、路面電車を走らせやすかったことがあげられる。

東京に路面電車が初めて走ったのは明治三六年（一九〇三）のことで、六郷橋《ろくごうはし》―川崎大師《かわさきたいし》駅間であるから、いかに京都の電車が画期的で、近代化の象徴であったかがわかる。

現在、残念ながら京都では路面電車はすべて廃止され、下油掛に「電気鉄道事業発祥の地」の石碑が立ち、当時の車輌は平安神宮神苑内など市内数カ所に保存されている。

7章

学問・スポーツの発祥物語

学校

教育熱心な土地柄が生んだ多様な施設

上京第二七番小学校ほか

●小学校

平安時代から一二〇〇年の長きにわたって首都であった京都は、歴史・文化の中枢であることは言うまでもないが、学校教育にも革新的で熱心な気質の土地である。東京に首都が移るまでは学問の中心地は京都であり、僧侶、学者、公卿などの学識者がいたという歴史的背景がある。

日本の近代教育制度は明治五年（一八七二）に始まった。全国に小学校がつくられたのは翌明治六年からである。それまでは武家の子どもが通う藩校や私塾、寺子屋が教育の現場であった。

京都では、明治政府がこの新しい教育制度を定めるより三年も早く、全国に先駆けて小学校がつくられている。わが国最初の小学校は明治二年（一八六九）五月二一日に開校した上京第二七番小学校である。この小学校は後に柳池《りゅうち》小学校と名を変え、昭和二二年（一九四七）、新学制により柳池中学校になり、平成一五年（二〇〇三）に京都御池《おいけ》中学校となった。

地下鉄烏丸《からすま》線の四条駅近く、下京区御幸町通《ごこまちどおり》に「京都市学校歴史博物館」がある。わが国初の小学校を誕生させた京都の学校教育の歴史資料を約一万一〇〇〇点を収集・保存し、展示を行なっている博物館で、建物は明治時代の元開智《かいち》小学校の再利用である。この小学校に関する博物館も日本初で、この博物館の資料によって、なぜ京都が東京より三年も早く小学校をつくったのかがわかる。

幕末の動乱、それに続く明治維新による東京遷都で京都は文化も経済も衰退の危機に瀕していた。そのときに、京都の町衆は、京都が再び活気を取り戻すには、優れた人材を育てる教育が必要だと考えた。藩校のかわりに全ての子どもが平等に教育を受けることができる公的な教育施設を設立したいという要望が、町衆《まちしゅう》から上がったのだ。

町衆とは、応仁の乱から京都に確立した住民の生活共同体である「町組《ちょうぐみ》」を構成する住民のことをいう。この町衆は主に富裕な商工業者で、自治と団結が強く、町の行政を担っていた。

その町組が明治元年（一八六八）に「番組《ばんぐみ》」に改正されて上京・下京のそれぞれに六四の番組という行政区画が敷かれた。この番組は現在も京都の住民自治組織である「学区」に引き継がれている。

町衆の要望に応えるように当時の京都府知事・槇村正直《まきむらまさなお》も小学校の設立に努め、地域一丸となって一番組に一校ずつの小学校の建設が進められた。開校の費用も町衆たちが「かまど金」という寄付制度を設けて寄付を集めた。さらに町衆は番組小学校の運営のために斬新なことを考えついた。

それが「小学校会社」である。この会社が寄付金やかまど金を集め、その資金を融資貸付にまわし、その利息で小学校を運営したのだ。小学校会社は教育機関と金融会社という二つの顔を持っていたわけだ。教育への熱意と金儲けの才覚とを兼ね備えていた京都町衆の、じつにユニークな発想である。

こうして明治二年（一八六九）、上京第二七番小学校の開校を皮切りにその年の一二月までに六四の全校が開校したのだから、京都の町衆たちの結束力と努力には驚くばかりである。町衆がお金を出し合って町衆が運営する公的な学校である。全国的に見ても、六四もの学校を住民たちでつくったのは京都だけであろう。

さらにユニークなのは、すべての小学校には望火楼（火の見櫓《やぐら》）が屋根に設置された。というのも、番組小学校は番組の消防署、交番、役所、町会所などの総合庁舎も兼ねていたからだ。はじめは小学校よりも町会所の役目のほうが大きかったようだ。それだけ、地域密着で小学校が運営されたということであろう。

現在、上京第二七番小学校から発展した京都御池中学校には「日本最初小学校　柳池校」の石碑が建つ。現在の京都御池中学校もじつにユニークである。校舎は京都のメインストリートである御池通に面し中学校にしては大きな外観である。これは中学校に併設して保育所、老人サービ

京都御池中学校に建つ、日本初の小学校の碑

スセンター、市役所の一部、カフェなどの商業観光施設などが一体となった複合施設「京都御池創生館」がつくられているため。中学校の校舎がこのような複合施設になっているのは、おそらくこれも日本初であろう。

地位住民と一体となって運営された上京第二七番小学校の理念と伝統を継承していることがうかがえる。

町組から明治につくられた番組の自治組織は、現在も学区に引き継がれている。京都の学区は、単なる学校の区画割りではなく、六四の小学校に起源をもち、地域の行政機能の一部を担う自治組織である。それぞれの学区によって特徴は異なるが、体育振興、防災、社会福祉、住民自治などの活動を活発に行っている。

●中学校

左京区の下鴨《しもがも》神社の北、地下鉄烏丸線の北大路《きたおおじ》駅近くに京都府立洛北《らくほく》高校がある。この辺りは、下鴨神社、糺《ただす》の森、府立植物園などがあり、北山につづく緑豊かなエリアである。洛北高校は京都大学への進学率も高く、ノーベル物理学賞を受賞した湯川秀樹《ゆかわひでき》博士や朝永振一郎《ともながしんいちろう》博士、民族学者の梅棹忠夫《うめさおただお》氏などの知識人を輩出した有名校である。

そして、じつは洛北高校は、わが国初の中学校なのである。

明治三年（一八七〇）に設立された京都府中学校が日本初の中学校で、現在の二条城の北にあった所司代《しょしだい》屋敷に設けられた。これが後に京都府立第一中学校などを経て、戦後の学制改革によって府立洛北高校となり現在に至っている。

わが国で初めて小学校を開校した京都は、日本最初の中学校までつくってしまったのである。京都府は明治二年（一八六九）に六四もの小学校を開校させながら、中学校の創設まで計画していたのである。京都町衆の力と京都府知事・槇村正直の近代化政策は、驚くばかりである。

中学校とはいっても、日本初の中学校は戦前の旧制中学とも現在の中学校とも違う。明治二年につくられた番組小学校は現在の小学・中学を合わせた学校であったから、中学校は現在の高校のようなものであった。

京都府中学校では国学、漢学、洋学の三つの学問が教授されたが、洋学に関しては、河原町御池上ル、現在の京都市役所の近くにドイツ学校、河原町二条上ルに英学校、木屋《きや》町三条下ルにフランス学校がつくられた。京都府中学校はこの欧学校も含まれていた。

京都府中学校（現・京都府立洛北高等学校）

明治五年（一八七二）、明治政府はフランスにならった学制を発布し、全国に八つの大学とその下に三二の中学校を置き、さらに一つの中学校の下に二一〇の小学校を置くことを定めて実施した。学制発布よりも二年早く開校していた京都府中学校は、学制発布による新体制のため一旦は廃止されたが、翌明治六年に欧学校も合併して「仮中学」とし、下立売通釜座《しもたちうりどおりかまんざ》の地に校舎を建て開校した。

明治一二年（一八七九）、仮中学を再び京都府中学校として設立。その後、明治三〇年（一八九七）に吉田近衛町《よしだこのえちょう》に移転し、三二年（一八九九）、京都府第一中学校と改称。大正七年（一九一八）の京都府立京都第一中学校との改称などを経て、昭和二三年（一九四八）には京都府立洛北高等学校として開校した。

●女学校

明治二年（一八六九）に小学校、明治三年（一八七〇）に

は中学校をつくった京都は、明治五年（一八七二）に、日本初の地方自治体による公立女学校も開校した。

じつは、中学校がつくられて間もなく、英学校とドイツ学校、フランス学校の欧学校がつくられたことは述べたが、これらの欧学校は、男子より女子の数のほうが多かった。主に華族、士族の家の子女であったが、明治のはじめに京都では、女子の学習意欲がきわめて高かったことがうかがえる。とくに英学校とフランス学校は教室に入れないほどの人気だったという。

また、当時、京都府政を指導していた山本覚馬《やまもとかくま》（一八二八〜一八九二）が、男子に偏っていた日本の教育を批判し女子教育の必要性をさかんに説いて、後に京都府知事となった槇村正直に女学校の設立を要望していた。山本覚馬は平成二五年（二〇一三）のＮＨＫ大河ドラマの主役・新島《にいじま》八重《やえ》の兄に当たる。

そこで、京都府は明治五年（一八七二）四月に「京都新英学校及京都女紅場《にょこうば》」を丸太町《まるたまち》橋西詰南側、元九条家別邸に開校した。これが日本初の女学校で、後に京都府立京都第一高等女学校（府立第一高女）を経て現在の京都府立鴨沂《おうき》高等学校となった。

「女紅場」とは女子に裁縫や手芸、読み書きそろばんを授けた教育機関のこと。「女紅」は幕末に裁縫や手芸を教えた民間の裁縫塾に公教育の要素を組み合わせたもの。京都新英学校及京都女紅場が登場してから全国にできていったが、とくに近畿、長野や北関東の養蚕《ようさん》地帯に多かった。貧

京都新英学校及京都女紅場（現在の京都府立鴨沂高等学校）

しい家の子女や芸妓《げいぎ》、娼妓《しょうぎ》なども対象にしていた。

京都新英学校及京都女紅場はこれとは別のもので、華族、士族の家の子女や指導的立場にある家の婦人が通ったという。家事・一般教養に加えてイギリス人教師による英語教育が行われた。新島八重は兄覚馬の推薦でこの女学校の教師になっている。

京都にはこの頃、エリート女学校のほかに、各学区ごとに小学校内に「市中女紅場」が設けられて裁縫、養蚕、家事、一般教養を教えていた。また、島原や祇園《ぎおん》の芸妓・舞妓に裁縫などを教える「遊所女紅場」も登場していた。当時、京都市内では、エリートの子女から一般庶民の子女まで、学校に通って学ぶことに熱心だったのである。

実は、明治五年（一八七二）三月には、東京でも女学校が設立されていた。それが官立東京女学校で、後に現在の、お茶の水女子大学付属中学校・高等学校になった。

京都新英学校及京都女紅場は明治五年四月開校。官立東

京女学校は同三月開校。わずか一ヵ月だが、東京のほうが早いではないかと思われる方もいるであろう。しかし、洛北校の前身である河原町二条上ルにあった英学校、木屋町三条下ルのフランス語学校は、明治三年（一八七〇）から女子が入学して大盛況であったのだから、京都の女学校が日本初の女学校ともいえるのではないか。しかし東京も京都も、わずか一ヵ月違い。いずれもが日本初の女学校を名乗ってもいいではないか、とも筆者は思う。

●幼稚園

幼稚園は、満三歳から小学校就学の年（満六歳）までの幼児を対象に健康な心身を育てるための教育施設で、小学校、中学校と同じように学校教育法に定められた「学校」である。ドイツの幼児教育者フリードリヒ・フレーベルが、一八四〇年に幼児のためにドイツで初めてつくった。

明治になると日本でも幼児の心身の教育の必要性から、それに倣って幼稚園がつくられるのだが、日本初の幼稚園もまた、京都であった。明治八年（一八七五）に、最初の小学校となった上京第二七番小学校の中につくられた「幼稚《ようち》遊嬉場《ゆうきじょう》」である。フレーベルがつくった幼稚園「キンダーガーデン」をモデルにし、これまた京都府と地域の町衆が官民一体となって設けたという。

先にも登場した京都市学校歴史博物館が、平成一六年（二〇〇四）に「日本初の幼稚園は京都にあった——京都における幼児教育の歴史をたどる」という企画展を催した。その時発行された

京都御池中学校構内にある「日本最初の幼稚遊嬉場」の碑

展示解説書に、京都の幼稚園のあゆみが記されている。
それによると、「幼稚園」という名前を最初に名乗ったのは明治九年（一八七六）に東京につくられた東京女子師範学校付属幼稚園であるため、これが日本初の幼稚園といわれることもあるが、じつはこれより一年前に京都の上京第二七番小学校に誕生していたのだという。
だが、この「幼稚遊嬉場」は時代の流れの先を行き過ぎていたせいか、一年半で廃止になった。そのため東京女子師範学校付属幼稚園のほうが注目されるのかもしれない。しかし、東京は国がつくった幼稚園だが、明治の初めに地域住民が幼児教育の必要性を感じて幼稚園をつくったというのは、後にも先にも京都だけである。京都の町衆の先見性と革新性をあらためて実感する。
京都市学校歴史博物館には現在も「幼稚遊嬉場」で使われていた教材が展示されている。「恩物《おんぶつ》」といって、子どもたちが遊びながら表現力や想像力を養うためのもので、現在の積木や円筒、球体などの遊具である。さらに、これは日彰幼稚園で使われていたものだが燭台付きのオルガンも展示されている。これらは町衆が子どもたちの教育のためにと寄贈したもの。オルガンは当時は相当高価なものであったはずだから、京都町衆たちの教育への熱意が伝わってくる。

現在、上京第二七番小学校から発展した京都御池中学校には「日本最初小学校　柳池校」の石碑が建つが、その石碑と並んで「日本最初の幼稚遊嬉場」と刻まれた石碑がある。椅子をかたった石碑の座席に金色の円錐《えんすい》が載っている、ちょっと変わった記念碑である。

東京女子師範学校付属幼稚園は現在のお茶の水女子大学付属幼稚園で、現在も存続している。この幼稚園につづいて全国に国立の幼稚園が次々に登場していく。

京都では幼稚遊嬉場が廃止された後、明治一八年（一八八五）に府立女学校に幼稚園が置かれてから、各学区が相次いで幼稚園をつくっていった。幼稚遊嬉場も昭和四年（一九二九）に柳池幼稚園として再開され、平成八年（一九九六）には、日彰幼稚園など六つの幼稚園と統合されて、現在は中京もえぎ幼稚園となっている。

●庶民のための私立学校

ここまでは、明治五年（一八七二）の学制発布により始まった近代教育制度のなかでつくられてきた学校について触れてきたが、近代教育制度開始以前を見ると、じつは京都には、日本で最も起源が古い庶民のための学校があった。

奈良・平安時代の教育施設といえば、大学寮と国学があった。しかし大学寮は主に貴族の子弟を対象にした官僚育成機関で、国学は地方の群司の子弟を教育する施設である。庶民には縁がなく、きわめて狭き門であった。また寺院でも僧侶に仏教の教育を行ったが、一般庶民に世俗の教育を授ける機関はなかった。

そこで、天長五年（八二八）、弘法大師空海《こうぼうだいしくうかい》は、身分や貧富の差にかかわらず、誰もが学べる教育施設を京都に設けたのである。これが「綜芸種智院《しゅげいしゅちいん》」で、日本初の庶民のための私立学校である。空海は、庶民も僧侶も区別なく儒教、道教、仏教などあらゆる思想や学問を学べるようにした。さらに学びたいという志のある者が、衣食の心配や生活に困窮することがないよう、生活を保障することが大切だと考えた。そのため綜芸種智院は全学生、教職員に給食を与えたのである。

しかし空海の理想の学校の設立は一筋縄ではいかず難しかった。学校の創立・運営には莫大な費用と施設の場所、優秀な教師が必要だ。そこで空海は天皇、大臣、公家、高僧などに協力と支援を求めたのだが、なかなか受け入れられなかった。ようやく、嵯峨《さが》天皇の側近で中納言であった藤原三守《ただもり》が、空海の考えに共感して左京区九条にあった邸宅を提供して綜芸種智院は発足した。

空海が承和二年（八三五）に没すると、後継者が途絶えてしまったため、没後一〇年経った承

綜芸種智院跡。誰でも分け隔てなく学べる学問所だった

和一二年（八四五）、弟子たちによって廃止されて施設は売却された。売却益は空海が創設した東寺《とうじ》の寺田の購入に充てられたという。

しかし、空海が理想とした、誰でも分け隔てなく学べるという精神は、現在の種智院大学に受け継がれている。京都市伏見区向島《むかいじま》にある種智院大学は、空海がつくった種智院を起源とし明治一四年（一八八一）に僧雲照《うんしょう》により中興された真言宗系の大学である。

現在、藤原三守が提供した邸宅、綜芸種智院の跡地には「天長五年　綜芸種智院蹟　空海僧都　草創」と刻まれた石碑が建つ。身分や貧富にかかわらず、すべての者が受けられて、衣食まで与えられたという学校が平安初期にすでに京都にあったことは、誇るべきことであろう。

図書館
開館時間は、何と一六時間もあった！

集書院（京都府立図書館）

仏教寺院が多い京都は「知」の宝庫である。かつて寺院は僧侶の学問所であり、京都では室町時代に五山文学が栄えた。僧侶たちは幕府の外交文書を起草する役目を担っていたほか、禅の法語や漢詩をつくる才能も重要視された。また天龍寺《てんりゅう》などでは木版印刷が行われて書籍が盛んにつくられた。

このような歴史的風土があるのだから、知識の集積である図書館も早くからつくられていた。近代以前には朝廷の図書寮《ずしょりょう》や貴族が個人で蒐集した公家文庫、経典や仏教書を収蔵する寺の経蔵《きょうぞう》などがあり、京都にはこれらは平安京の時代から多く存在していた。

そうした近代以前の図書館的なものではなく、国民が閲覧できる本格的な西洋の図書館を初めて日本に紹介したのは、福沢諭吉《ふくざわゆきち》であった。彼は、慶応二年（一八六六）～明治三年（一八七〇）に刊行した著書『西洋事情』の中で、「西洋の都には『ビブリオテーキ』という文庫があって、万国の書籍が集められており、衆人はみな集まってこれを読んでいる」と紹介している。

この西洋のビブリオテーキなるものを、小中学校が整えられた京都につくろうと取り組んだのは、またしても京都府参事、後に知事となる槇村正直《まきむらまさなお》であった。

理由の一つに、京都で明治二年（一八六九）に初めて上京第二七番小学校がつくられたときに、教科書の調達が難しかったことがある。当時、書籍は高価なものだったので、全生徒が購入することはできなかったのだ。そこで、槇村は「集書会社」という図書館会社をつくり、同時に図書館の建物もつくり始めた。図書館ができたらその運営は集書会社にゆだねることにしていた。この図書館で教科書の有料貸与をしようと考えたのである。

明治五年（一八七二）五月、事業参加を名乗り出たのが、当時仏教書を扱っていた大黒屋や平《へい》楽寺《らくじ》書店などの書店で、合同で集書会社を姉小路東洞院《あねこうじひがしのとういん》下ルに設立して営業を開始。これが日本初の図書館である。閲覧時間は午前六時～午後一〇時までの何と一六時間もあった。入館料は一日二銭。教科書の有料貸与をさかんに行ったほか、本の販売もしていたという。

同年九月には京都府立の図書館「集書院《しゅうしょいん》」を集書会社に隣接して設立し、この運営を集書会社がまかされた。この集書院が日本初の公立の公開図書館である。集書院は天井に鳳凰《ほうおう》画が描かれた優美な建物で、最初は盛況だったが、しだいに利用者が減って経営困難になり、明治一五年（一八八二）に閉鎖された。

その後、明治二三年（一八九〇）に京都府教育会付属図書館として再開し、明治三一年（一八九

【京都府立図書館へのアクセス】
地下鉄東西線「東山」駅から徒歩10分。

集書院（現在の京都府立図書館）

八）に京都御所内に府立図書館が開設された。これが現在、左京区岡崎《おかざき》に建つ京都府立図書館の前身である。

明治四二年（一九〇九）、蔵書約五万冊で岡崎に移されてスタート。設計は「関西建築界の父」といわれた名建築家の武田五《たけだご》一《いち》で、重厚で壮麗な名建築であったが、阪神・淡路大震災の際に被害を受け、建て直すことになった。だが、明治の名建築を何とか残したいという声が強く、旧館を図書館の前面に保存して新しい建物に組み込む工法が採用され、京都府立図書館は見事な明治の名建築を活かしてリニューアルされた。

音楽学校

古都が音楽の街になったきっかけ

堀川高等学校

京都は音楽教育に熱心で、クラシック音楽を楽しむ環境が全国のなかでもとくに整っている。音楽家を目指し、音楽家として活躍する人を数多く輩出してきた近代音楽教育の先駆けの街である。明治の近代化から市民レベルで西洋の音楽を取り入れ享受することにも熱心だった。京都の音楽文化は、京都市民の熱意によってつくり上げられたものなのである。

明治政府は子どもの音楽教育に力を入れるため、明治一二年（一八七九）、文部省に音楽取調掛《とりしらべがかり》を設置したが、度重なる戦争のため西洋音楽の普及と教育を十分に実践できなかった。だが、昭和になって太平洋戦争が終戦を迎えると、京都は全国に先駆けて西洋音楽を教育に取り入れるのである。昭和二三年（一九四八）、まだ戦後の混乱のなかにあるにもかかわらず、全国で初めて公立高校に音楽科をつくった。それが、京都市立堀川《ほりかわ》高等学校の音楽課程である。

しかし戦後の生活が苦しい時代で、京都市は楽器すら用意できない財政状況であった。そこで音楽教育を始めようと熱心に懇請する京都市民の思いに応えて、地元の企業が援助した。京都西陣にあった布や床材の会社・日本クロス工業（現・ダイニック株式会社）が五台のピアノを贈る。こうして堀川高校の音楽課程はスタートすることができたのである。そして翌年の夏には初めて演奏会を開くことができ、市民からは「堀音《ほりおん》」という名で呼ばれて親しまれることになる。

昭和二五年（一九五〇）には、堀川高校音楽課程の第一期生の卒業に合わせて、音楽専攻科が設置された。続く昭和二七年（一九五二）には音楽専攻科が京都市立音楽短大（現・京都市立芸術大学）となり、昭和三一年（一九五六）には、これも日本初の地方自治体直営のオーケストラ・京都市交響楽団の誕生に結びついていった。平成九年（一九九七）には音楽課程は京都市立音楽高校に分離独立し、日本初の公立学校で高校から音楽を専門に学べる独立校となった。いまではヴァイオリニストの葉加瀬太郎《はかせたろう》氏や指揮者の佐渡裕《さどゆたか》氏など世界的に有名な音楽家を多数輩出している。京都コンサートホールで定期演奏会を開催したり、ヨーロッパへの音楽研修旅行があることでも知られる。中京区の油小路通御池《あぶらのこうじどおりおいけ》の二条城《にじょうじょう》前に校舎が建つ。

このように、京都の音楽教育は市民と地元企業の力に支えられてきた。それはいまも変わらない。前述の日本クロス工業は、当時は戦後で皮革が不足したため、ピアノのほかタンバリンやドラムの皮革のかわりにシルクスキン（絹皮）を製造して小学生への楽器提供も行ったという。

また、平成六年（一九九四）には村田機械株式会社をはじめ多くの企業の援助によって、クラシック専用の京都コンサートホールが設立された。昭和六二年（一九八七）には京セラの創業者

堀川高校。全国に先駆けて西洋音楽を教育に取り入れた

が、私財を提供して室内楽専用ホールの青山音楽記念館・バロックザールを建設した。

また、堀川高校音楽課程が誕生するに当たっては、高山義三《たかやまぎぞう》という人物も忘れてはならない。高山は、昭和二五年（一九五〇）から昭和四一年（一九六六）まで四期一六年にわたって京都市長をつとめた人物で、クラシック音楽の大の愛好者であった。終戦直後の社会の混乱のなか、青少年の不良化が危惧されていたため、彼はクラシック音楽を推進することで青少年の健全な育成につとめた。堀川高校の音楽課程創設に尽力し、学校や公園で無料の演奏会を行い、少年合唱団をつくり、京都交響楽団をつくったのである。

このように、京都は古い和の文化も大事にするが、同時に新しい西洋の文化も受け入れ、それを育む精神が、住民、企業、市や府のいずれにもあるといえよう。

盲学校・聾唖学校

障害児教育を支えた人々の熱意

盲唖院

京都には室町時代から「町組」という町衆の自治組織があり、それが明治二年（一八六九）に「番組」として再編され、各番組ごとに警察、消防、区役所などの自治機能をあわせ持つ六四の小学校がつくられたことは先に触れた。

日本初の視聴覚障害児のための学校も、このような町衆の強い結束力と自治力のなかで生まれた。それが「盲唖院《もうあいん》」で、設立に尽力して初代校長になった古河太四郎《ふるかわたしろう》は、わが国における視聴覚障害児教育のパイオニアとなった。

この日本初の視聴覚障害児教育について、京都市学校歴史博物館で平成二〇年（二〇〇八）に「『京都盲唖院』発！　障害のある子供たちの教育の源流」という企画展が行われたので、その資料によって盲唖院の歴史をふりかえってみる。

明治二年（一八六九）に上京第一七番組小学校が開校するとともに古河太四郎はこの学校の教師になった。その後明治五年（一八七二）に、第一七番組小学校は上京第一九区小学校となり、明治八年（一八七五）に待賢《たいけん》小学校と名前を変えた。

このころ、第一九区の区長だった熊谷伝兵衛《くまがいでんべえ》は、同区内の聾児《ろうじ》三人が学校に行かれず近所の子どもたちにいじめられているのを見て、何とかこの子どもたちにも教育を受けさせたいと考えていた。同様のことを考えていた古河と熊谷は、協力して明治八年（一八七五）に待賢小学校に「瘖《いん》唖教場《あきょうじょう》」を開設し聴覚障害児を迎え入れてその教育を始めた。これがわが国の聴覚障害児教育の始まりであった。

日本で初めての聾唖《ろうあ》教育で、古河は苦心して指導法を開発し、教具類もさまざまに工夫してつくり出した。平成二〇年（二〇〇八）の京都市学校歴史博物館の企画展では、これらの指導法や教具類が展示された。

古河は視覚障害児のために「木刻凸字《もっこくとつじ》」「凸形京街図《とつがたきょうまちず》」「凸形地球儀」などを製作したが、その模型づくりの技術のレベルは驚くほど高い。京都には全ての子どもに平等に教育を授けようという熱意と、それを支える技術や文化が備わっていたのだ。

その後、明治一〇年（一八七七）には視覚障害児も受け入れて教育を開始し、明治一一年（一八七八）には日本最初の視覚障害児と聴覚障害児の学校「盲唖院」を東洞院通押小路下ル《ひがしのとういんどおりおしこうじ》に開設した。盲唖院の教師の給料は各学区が負担し、子どもたちが人力車で通学できるように協力し合ったり、各学区で盲唖院の運営を支え合った。

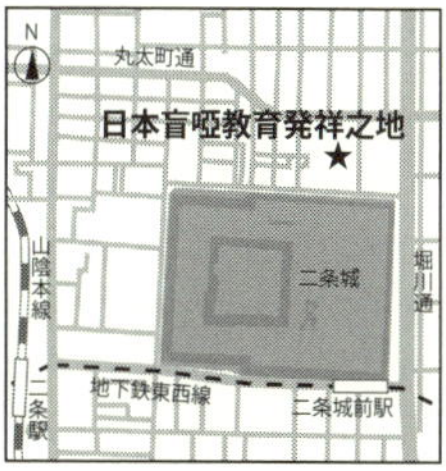

【アクセス】
地下鉄東西線「二条城前」駅から徒歩10分。

待賢小学校跡に残る「日本盲唖教育發祥之地」の碑

翌明治一二年（一八七九）には釜座通《かまんざどおり》丸太町《まるたまち》上ルに移り京都府の認可を得て「京都府立盲唖院」となった。これが現在の京都府立盲学校である。

東京で視覚障害児だけの学校ができたのは明治一二年（一八七九）のこと。聴覚障害児教育も併せた「訓盲唖院」がつくられたのは明治一七年（一八八四）であるから、京都は東京よりもずっと早い時期から視覚障害児、聴覚障害児の教育に取り組んできたのである。

現在、京都には盲唖院跡で日本の視聴覚教育発祥の地の石碑が三カ所に建っている。まず、明治八年（一八七五）に開設した待賢小学校の「瘖唖教場」跡で、猪熊通《いのくまどおり》下立売《しもたちうり》下ルに一つ、明治一一年（一八七八）に開設された東洞院通押小路下ルの「盲唖院」跡に一つ、明治一二年（一八七九）には釜座通丸太町上ルに移された「京都府立盲唖院」に一つ。いずれも京都が誇る発祥の地である。

駅伝

カンテラと懐中電灯を掲げて夜通し走る

駅伝発祥の碑

マラソンは古代ギリシャが発祥だが、駅伝は日本が生んだ競技で、最近では海外でも「ＥＫＩＤＥＮ」の名で人気になっているという。正月の恒例行事となっている、東京箱根間往復大学駅伝競走（通称・箱根駅伝）は一〇〇年近い歴史を持ち、正月のレースを楽しみにしている人も多い。

駅伝では、競技によって走る総距離に違いがあるが、おおよそマラソンと同じ四二・一九五キロ〜約一〇〇キロの距離を五〜八区間に分けて、リレー形式で走る。走者はたすきをリレーしていくわけだが、個人競技のマラソンと違い、たすきをつないでいく選手の間にさまざまなドラマが展開するのも魅力の一つだ。

この日本が誇る駅伝の発祥も、じつは京都であることをご存じだろうか。京都市の東山区にある三条大橋の東詰北側に「駅伝発祥の碑」が建ち、「駅伝の歴史ここに始まる」と詳細が刻まれている。

それによると大正六年（一九一七）四月二七日のこと、京都三条大橋からたすきをかけた二人の選手が大観衆の声援を浴びて走りだした。日本初の駅伝で、上野の不忍池《しのばずのいけ》までの全長五一四キロ、二三区間を三日間、昼夜を問わず走り続けるという過酷なレースであった。読売新聞社の主催で正式名称は「東海道駅伝徒歩競走」といい、東京奠都《てんと》五〇周年記念博覧会の一環として行われたという。

五十周年記念に何か新しい運動競技をしようということになり、当時、読売新聞社会部長だった土岐善磨《ときぜんまろ》が駅伝を思いついたという。東京奠都により明治元年（一八六八）に明治天皇が京都を出発して江戸城に入ったルートをたどろうと、東海道を京都から東京に向かって走ることになったという。

このときのレースの様子は『陸上競技のルーツをさぐる』（岡尾恵市著　文理閣発行）や『日本スポーツ百年』（日本体育協会編・発行）に詳しい。

出場は関東と関西の二チームで、スタートは関東が一高の飯塚博、関西が愛知一中教諭の多久儀四郎であった。二三区間なので、一人が平均二〇キロ以上を走ったことになるが、これは現在の駅伝と比べてかなりきつい。

また当時はコース途中の天竜川や木曾川など大きい川に橋がなかったので、選手はなんと、渡し船で川を渡ったという。さらに、コースには街灯などなかったので、夜は選手を囲んだ大集団が手にカンテラや懐中電灯を持ってコースを照らしたという。

難所の箱根の山越えでは深夜になり、カンテラ、懐中電灯を振る二つの大集団が真っ暗闇の箱根峠を苦労して乗り越えたという。

勝負の結果は、関東チームが一時間二四分の差をつけてゴールし勝利を手にした。関東チームの最終ランナーは当時二七歳だった金栗四三《かなぐりしぞう》。彼は明治四五年（一九一二）のストックホルム五輪のマラソン競技に日本人選手として初めて出場し、「日本マラソンの父」といわれた人物である。

最終ランナーとして上野不忍池を一周した金栗は、大観衆の喝采を浴びてゴールし、大きな感激に包まれた。このときの感激が、後に金栗を箱根駅伝開催へと結びつけていくことになる。

いっぽう、関西チームの最終ランナーは五二歳の国会議員であったという。この駅伝の出場選手たちは、年齢層も職業もバラバラ、学生やオリンピック選手もいれば政治家もいるというユニークさだ。

さらに興味深いことに、このレースには二人の選手のほかにもう一人、走者がいた。「追走の読売新聞」だという。現在のレースでは、テレビ報道用の機材を搭載したトラックや大型バンがランナーを追走してすべての映像を中継できる。しかしそんな便利なものがなかった時代である。当時は新聞記者が取材のため、ランナーを追って走ったようだ。その苦労は並大抵で

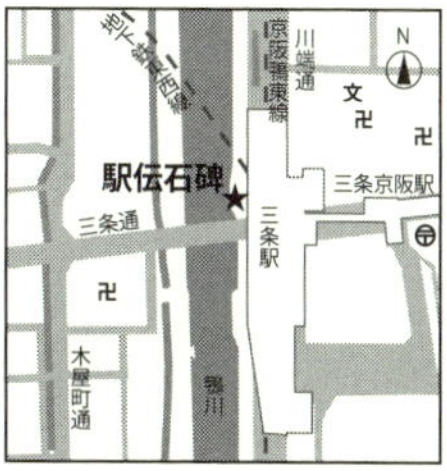

【アクセス】
京阪鴨東線「三条」駅、地下鉄東西線「三条京阪」駅下車からすぐ。

三条大橋の東詰北側に建つ「駅伝発祥の碑」。今や全国に広がる

はなかったことであろう。

こうして大成功を収めた初の駅伝から三年後の大正九年（一九二〇）、箱根駅伝が開催された。金栗四三が世界に通用するランナーを育成したいと、箱根駅伝を企画し、各大学や新聞社を回って協力をあおぎ、金策に走り回って開催にこぎつけたのである。

金栗の頭の中に、日本初の東海道駅伝徒歩競走でゴールした時の感動、カンテラと懐中電灯を手にした人々の協力によって箱根峠を越えた感動があったことはいうまでもないであろう。

駅伝発祥地である京都は、現在も駅伝がさかんで、開催日を市民も楽しみにしている。全国高校駅伝、全国都道府県対抗女子駅伝、京都市小学校大文字駅伝、全国車いす駅伝などが毎年開催されており、都大路《みやこおおじ》を駆け抜ける選手たちの姿に、日本初の駅伝発祥の地という誇りを実感することができる。

国民体育大会

芋畑をグラウンドにして盛大に開催

西京極総合運動公園

国民体育大会とは、都道府県対抗、都道府県持ち回り方式で毎年開催される国内最大の国民のスポーツの祭典である。スポーツの普及、国民の健康増進と体力の向上、地方スポーツの振興が目的で、日本体育協会、文部科学省、開催地都道府県の三者共催で行われている。

スケート、スキー、アイスホッケーの三競技を行う冬季大会と、秋に行われる本大会があり、都道府県別に得点を競う。男女総合の優勝チームに天皇杯が贈られる。

本大会には正式競技が三七あり、そのほか公開競技といい、都道府県の得点にならない競技、高等学校野球やトライアスロンなどがある。

いまでは毎年おなじみになった国体であるが、ではいつ、どこで始まったのかというと、これも京都が発祥であった。終戦直後の昭和二一年（一九四六）一一月一日から三日間、京都の西京《にしきょう》極《ごく》競技場、西京極野球場をメイン会場にして行われた。

昭和二〇年（一九四五）の敗戦からわずか一年、全国の都市が焼け野原になり、国民が意気消沈しているときに、スポーツによって国民に勇気と希望を与えようと、日本体育協会の理事たちが集まって全国体育大会の開催を決定した。

東京は焼け野原になっていたため、開催地は戦災を免れた京都が候補にあがった。また京都は陸上、サッカー、バレーなどのスポーツのレベルが高いことから、京都に決定した。

また、京都には戦前に大活躍したスポーツ界のトップリーダーが多くいた。彼らが京都府体育協会の前身である京都スポーツマンクラブを昭和二一年（一九四六）に結成して、京都での国体開催のために尽力したことが大きい。

音楽教育や障害者教育に熱心な京都は、スポーツにも熱心な街であったのである。

メイン会場の西京極競技場は、当時は芋畑になっていたが、それを京都スポーツマンクラブ自らが整備し、グラウンドやトラックをつくった。全種目のうち陸上競技、軟式野球、軟式テニス、重量挙げ、馬術の五種目が京都で行われた。しかしそれ以外の競技は京都以外の大阪、兵庫、滋賀、奈良などの会場も使った。

終戦直後の混乱期のため、グラウンドに引くラインの石灰が不足し、陸上競技でコースラインがないまま競技を行ったり、参加選手は食糧や毛布持参であったという。また宿舎が足りなくなって鴨川の河原にテントを張って宿舎にしたという。

それでも全国から約五五〇〇名もの選手が駆けつけ、昭和二一年（一九四六）一一月一日、京

【アクセス】
阪急京都線「西京極」駅下車、徒歩５分。

西京極総合運動公園。サッカーをはじめ様々な競技の試合で使用される

都の西京極野球場で開会式が行われた。これがわが国の国民体育大会の発祥である。

京都で行われた五競技のうち陸上競技は西京極競技場、軟式野球は西京極競技場ほか、軟式テニスは西京極競技場で開催されたが、ウエイトリフティングは円山《まるやま》公園音楽堂で、馬術は長岡競馬場で行われた。

やり投げではやりがラグビーポストに突き刺さったり、ソフトテニスではコートがまだ整備されておらずデコボコだったため、ボールがへこみにハマってしまったり、珍プレーが続出したという。

また、平安時代からの京都の伝統的スポーツとして蹴鞠《けまり》が披露されたというのも、京都らしい。

京都が栄えある国体第一回の開催地になったことは、当時の京都市民のスポーツにかける情熱と意気込みが、全国に認められたということではないだろうか。

サッカー
一〇〇〇日間球を蹴り続けた「蹴聖」がいた

白峯神宮

近年、ワールドカップ出場や「なでしこジャパン」の活躍で日本のサッカー人気が高まっているが、サッカーの起源はいつなのだろうか。

世界のサッカーの起源にはいろいろな説がある。近代的なスポーツとしてのサッカーが成立したのはイギリスだが、人類は紀元前の時代から古代エジプト、古代ギリシャなど古代文明が栄えた地で、ボールを蹴る競技をさかんに行っていた。

中国では紀元前三〇〇年頃の戦国時代に、足で鞠を蹴り合う「蹴鞠《しゅうきく》」という球技が行われていたことが記録に残されている。これは、二つのチームが対抗して鞠を蹴り合い「球門」に入れた数を競ったというから、現代のサッカーにかなり近いのではないか。そこで国際サッカー連盟（FIFA）が、世界のサッカーの起源は中国の蹴鞠だと発表したことも話題になった。

蹴鞠は日本でも平安時代に大流行した。現在、蹴鞠保存会があって蹴鞠の普及活動をおこなっているので、日本の蹴鞠の歴史や制度、ルールなどは、ここの資料から知ることができる。

それによると、中国の蹴鞠は五三八年の仏教伝来とともに日本に伝えられた。日本で独自の発展をとげ、平安時代には京の都で貴族の遊戯としてさかんに行われた。貴族たちは屋敷に鞠場を設けて日々練習にいそしみ、やがて天皇から公家、武士、庶民に至るまで広く普及した。日本では蹴鞠《けまり》といい、個人またはチームで足で鞠を蹴り上げ続ける競技となった。

やがて達人といわれる者が生まれ、とくに後白河法皇に仕えた藤原頼輔は蹴鞠の技に秀でており子孫がその技を伝授した。そこで子孫の難波《なんば》家と飛鳥井《あすかい》家は蹴鞠の宗家として栄えた。難波家は衰退したが、飛鳥井家の飛鳥井流だけは現在まで受け継がれている。

鎌倉時代には後鳥羽《ごとば》上皇が「蹴鞠の長者」といわれるほど好んだので、大会が盛大に催された。以来歴代の天皇は近世に至るまでみな蹴鞠を愛好した。武家も蹴鞠をたしなみ、室町時代には足利義満、義政はたびたび天皇を招いて大会を開いていた。戦国時代にも織田信長、豊臣秀吉がさかんに行い、徳川家も江戸城内に鞠場を設けて練習にいそしんだという。日本に蹴鞠を伝えた中国では、その後は衰退して清の時代に蹴鞠は姿を消してしまったが、日本では人気スポーツとなって、じつに現代まで受け継がれてきたのである。

その蹴鞠の発祥の地といわれているのが、上京区の今出川《いまでがわ》通と堀川通の交差点近くに鎮座する白峯神宮《しらみねじんぐう》である。じつはこの境内はもと飛鳥井家の屋敷で、蹴鞠がさかんに行われた地なのである。守護神として祀っている精《せい》大明神は蹴鞠の神で、現在はサッカーほか球技全般の守護神として信仰を集めている。白峯神宮によると、平安時代の大納言である藤原成通《なりみち》は「蹴聖《しゅうせい》」といわれるほどの名人で、一〇〇〇日にわたって毎日蹴鞠の練習を行うという誓いを立てた。その誓いを成就した夜、夢に三匹の猿の姿をした蹴鞠の神があらわれた。そこで神猿のご神名である「アリ」「ヤウ」「オウ」を蹴鞠の掛け声にしたという。この神猿が精大明神《せいだいみょうじん》の化身で白峯神宮と大津の平《ひら》野《の》神社に祀られているという。

こうした経緯から白峯神宮はサッカーをはじめスポーツ関係者、スポーツ上達や試合の必勝祈願を願う人たちが大勢参拝に訪れ、境内の精大明神を祀った神社にはたくさんのボールが奉納されている。平成一四年（二〇〇二）には、日本サッカー協会がワールドカップで使用したボールを奉納している。

現在、蹴鞠保存会は白峯神宮や下鴨神社、大津の平野神社などで毎年定例の蹴鞠の大会を開催するほか、海外公演も行って蹴鞠の伝統の継承に努めている。現在の蹴鞠の会では保存会のメンバーが平安時代の装束を身につけて、伝統のルールに従って古式ゆかしく行う。平安貴族の衣装と沓《くつ》で鞠を蹴り続けるのはかなり体力がいる。ときには頭上を越える鞠のやりとりもあって、見た目よりもはるかに激しい運動量だという。

イギリスで始まった近代サッカーは、明治六年（一八七三）に東京・築地の海軍兵学校に、教師として来日したイギリスのアーチボルド・ダグラスが生徒に紹介したのが始まりとも、明治五年（一八七二）、神戸の外国人居留地で行われた試合が初めてとも伝えられる。

こちらのほうが日本サッカーの起源ではないか、と思われるかもしれない。もちろん近代サッカーの起源はそうであるが、国際サッカー連盟の会長が「サッカーの起源は中国の蹴鞠だ」とお墨付きを与えたのである。その中国の蹴鞠を継承した日本の蹴鞠がサッカーの発祥と考えてもいいのではないだろうか。

白峯神宮。サッカーをはじめスポーツ関係者の信仰を集める

境内に建つ「蹴鞠の碑」

【白峯神宮へのアクセス】
市バスで「堀川今出川」下車、徒歩１分。

競馬

神に奉納された重要な神事

上賀茂神社

世界の近代競馬のはじまりは、これもやはりイギリスで一六世紀のことである。JRA（日本中央競馬会）によると、日本に洋式近代競馬が伝わったのは、江戸時代末期で、初の競馬は横浜につくられた外国人居留地で行われた。万延《まんえん》元年（一八六〇）に横浜の居留地（現在の元町《もとまち》付近）で日本最初の洋式競馬が催されている。

だが、それよりはるか以前より日本では、日本独自の伝統的な競馬が行われていた。最も古い記録では『続日本紀《しょくにほんぎ》』に、大宝元年（七〇一）に、朝廷の儀式として馬を走らせてその速さや馬術を競ったことが記されている。しかし詳しいことは明らかではない。

平安時代になると、五月五日の節会《せちえ》に内裏《だいり》の武徳殿《ぶとくでん》で競馬が行われるようになり、やがて貴族の邸宅や神社の境内でも競馬が催されるようになった。神社の境内で行われる競馬は神に奉納するための神事の一つで祭典競馬であった。

神社の祭典競馬としては、京都の上賀茂神社の賀茂競馬《かものくらべうま》が最古のもので、寛治《かんじ》七年（一〇九三）、

毎年５月５日に行われる賀茂競馬

武徳殿で行われていた競馬を上賀茂神社に遷したのがはじまりである。これが、日本競馬の発祥といわれる上賀茂神社の賀茂競馬である。

この競馬は直線コースの馬場で二頭を走らせて競う。距離は約二〇〇メートル。コース脇に埒《らち》と呼ばれる柵がつくられここに青柴が巻かれる。ちなみに、この目印から外れることを埒外《らちがい》というようになったという。

さらにコースわきには目印となる木が植えられている。スタート地点には「馬出しの桜」。ゴール地点には「勝負の楓《かえで》」。この楓の地点を通る馬の差によって勝負が決まる。

騎手は「乗尻《のりじり》」と呼ばれ代々上賀茂神社の社家《しゃけ》（神主など神職の家）の者が務めてきた。乗尻たちは速さを競うだけでなく、さまざま作法や馬を操る技術も競いあった。未調教の馬が使われるので、

【アクセス】
市バスで「上賀茂神社前」下車すぐ。

上賀茂神社の鳥居

乗尻たちはその場で馬の性格を見抜いて馬を馬場に慣れさせなければならなかった。また、レースでは敵の進行妨害も認められていたので、かなり激しい勇壮な競技であった。

庶民もこの競馬見物を楽しみにしていたことが、『徒然草』や『栄《えい》花《が》物語』に記されており、また競馬の様子はさまざまな絵巻物や絵図に描かれているので、当時いかに華やかに行われていたかが見て取れる。

現在も上賀茂神社では毎年五月五日、葵祭に先だって賀茂競馬を行っている。これも平安時代の衣装のままで馬にまたがり勇壮に境内を駆け抜ける。競馬の前後には清めの儀式や馬の足清め、自己祓いなどの儀式が伝統にのっとって行われる。

8章

建築文化の発祥物語

茶室

利休の茶の心を体現する小空間

待庵（妙喜庵）

茶室は、茶道で主人が客を招き、もてなしのために茶のお点前《てまえ》をする部屋のことで、独立した建物の「草庵茶室《そうあんちゃしつ》」と、書院などの建物の中に組み込まれた「書院茶室」がある。

茶道のはじまりは、平安時代の喫茶の風習からといわれ、室町時代になると連歌《れんが》の会などで茶を立てて会所の座敷に運ぶ茶湯所《ちゃのゆじょ》が設けられた。こうした会所の座敷が、書院造りの部屋で行われるようになって「書院の茶」となり、やがて市中の山居といわれる草庵で行われる「草庵の茶」へと変化していく。

したがって室町時代に「書院の茶」が催されたときに、書院造の広間の一部を屛風《びょうぶ》などで仕切って使ったことが茶室の起源といわれている。一説によると、足利義政が建立した慈照寺《じしょうじ》銀閣の中に、文明一八年（一四八六）につくった東求堂《とうぐどう》がある。これは仏像を安置する堂で、この堂の右奥にしつらえられた四畳半の同仁斎《どうじんさい》が茶室のはじまりという。しかし、同仁斎は書院であるとする説もある。

茶室には床、床柱、炉、露地が書院茶室にも草庵茶室にも共通の要素としてある。にじり口や独特の壁、明かり取りの窓は、草庵茶室独特の要素である。広さは四畳半を基本とし、それより狭いものを「小間《こま》」、広いものを「広間《ひろま》」と呼ぶ。小間には三畳台目（台目は本畳の四分の三の長さ）、二畳半台目などの狭いものがある。

侘《わ》び茶を大成させたのは、一五世紀に大徳寺《だいとく》の一休宗純《いっきゅうそうじゅん》に学んだ村田珠光《むらたじゅこう》である。しかし村田珠光がつくったという茶室は現存していない。茶の湯を珠光から引き継いだのは一六世紀前半に活躍した堺の商人・武野紹鷗《たけのじょうおう》と、その弟子の千利休《せんのりきゅう》である。

では茶室の起源はどこにあるのか。現存する日本最古の茶室は、京都府乙訓郡大山崎町《おとくにぐんおおやまざきちょう》にある「待庵《たいあん》」という茶室である。妙喜庵《みょうきあん》という臨済宗の寺の中にあり、千利休がつくったと信じ得る唯一の茶室であり、国宝に指定されている。

妙喜庵は室町時代の明応《めいおう》年間（一四九二～一五〇一）、東福寺の春獄士芳《しゅんがくしほう》禅師の開山《かいさん》によって創建された。俳諧連歌の祖といわれる山崎宗鑑《やまざきそうかん》が隠棲していたという説もある。

現在この寺は、JR山崎駅の駅前にひっそりとたたずむ。それほど大きな寺ではないが、境内に茶室の待庵と、重要文化財の書院や明月堂《めいげつどう》があることで知られ、訪れる人も多い。

じつは待庵は利休がつくったのだが、それは豊臣秀吉の命であったことによる。

天正一〇年（一五八二）、本能寺で織田信長が討たれると、その報《しら》せを聞いた羽柴秀吉は、備中高松から大急ぎで京へ戻り、この大山崎の地で信長を討った明智光秀と激突した。

有名な山崎の合戦である。その際、大山崎を一望のもとに見渡すことができる天王山《てんのうざん》の頂上にあった山崎城を改修して本拠地とした。合戦はあっけなく秀吉の勝利で終わったが、秀吉は半年ほどこの城に住んだ。そして合戦直後に千利休を招き、ここに茶室をつくらせたのが待庵である。

利休は、大急ぎで二畳の狭い茶室をつくり、秀吉のために茶を点じて労をねぎらったという。当時の妙喜庵の三世であった功叔《こうしゅく》和尚は利休の弟子で、待庵で秀吉が茶会を催した際には利休の手伝いをしたという。その後この茶室は慶長年間(一五九六～一六一五年)に妙喜庵に移築された。

利休は茶室を独自の構想により侘び茶の様式を取り入れて完成させ、二畳、三畳の狭い小間をつくった。茶室をそれまでの四畳半より狭小な空間にしたのは、「直心《じきしん》の交《まじわり》」といって、主人が客と直に触れ合って心を通い合わせるためだといわれる。

待庵も利休独特の構想でつくられ、茶席は二畳、次の間と勝手の間を含めても四畳半という狭い空間で南東隅ににじり口を設け、屋根は切妻造りこけら葺《ぶ》きである。にじり口は小さな入り口で客は身をかがめて体を小さくしなければ中には入れない。客は帯刀したままではにじり口から入ることはできないので、刀を置いて主客が相対することになる。藁スサを表面に出した壁の塗り方も特徴の一つで、素朴な侘び茶の精神を表現している。

では秀吉はなぜ山崎の合戦直後、利休に茶室をつくらせたのか。なぜ京の都や大坂ではなく辺

妙喜庵。茶室「待庵」は、確かな利休の作として伝えられる唯一のもの

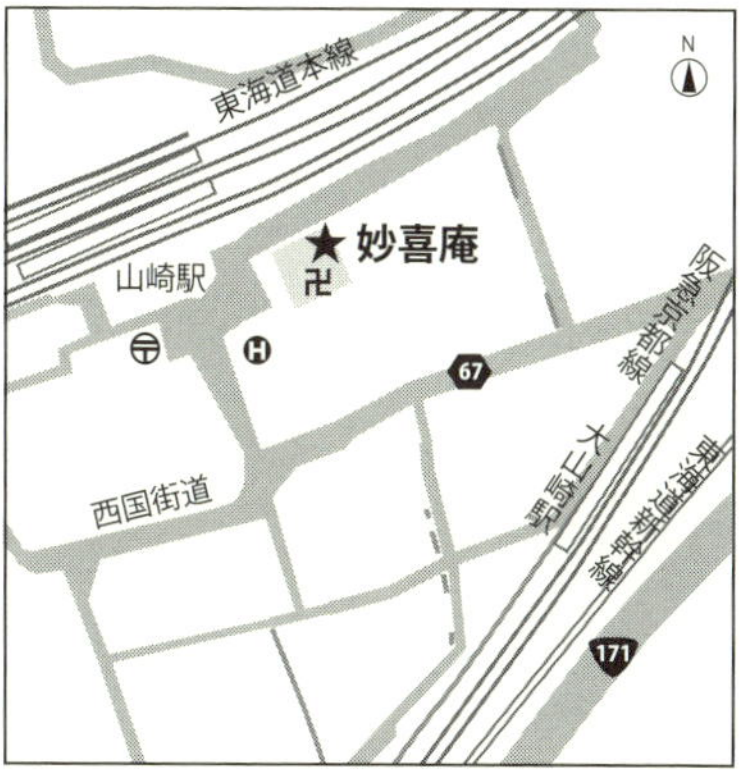

【アクセス】
ＪＲ東海道本線「山崎」駅下車すぐ、または阪急京都線「大山崎」駅から徒歩５分。

鄙な山崎の地だったのか。

利休は秀吉に仕える前は、織田信長に重用されて茶頭《さどう》にまで採用されている。本能寺で討たれる直前も信長は茶会を開いていて利休も呼ばれていたという説もある。ところが信長が討たれて、天下は秀吉の元に回ってきた。秀吉は自分が天下人になることを知らしめるため、信長が寵愛した利休を山崎合戦後にさっそく招き、利休好みの茶室を城に急遽《きゅうきょ》つくらせたのではないか。これからは天下は秀吉のものであり、茶人も秀吉に仕えよと宣言したのであろう。

茶道が村田珠光によって大徳寺で完成されたことから、京都には国宝や重要文化財クラスの茶室や著名な茶室がきわめて多い。わが国で国宝になっている茶室は三つある。この待庵のほか、京都大徳寺の密庵《みったん》と愛知県犬山市の如庵《じょあん》であるが、三つのうち二つの茶室が京都にあることは、京都の茶室建築の奥深さを物語っている。

また、慈照寺銀閣の同仁斎が茶室の起源としても、待庵が起源としても、いずれであっても、京都が茶室を誕生させたことに変わりはない。

町家

狭い間口は節税対策?

京都市内には昭和二五年(一九五〇)以前につくられた「町家《まちや》」と呼ばれる独特の家屋建築が多数残っており、なかには江戸、明治時代のものもある。とくに洛中といわれる上京、中京、下京、東山区に多く、祇園花見小路《はなみこうじ》のように町家が立ち並ぶ町並みは、京ならではの風情を醸し出している。

町家とは伝統的な軸組《じくぐみ》木造、住居と店舗が一体となった建築様式で、店舗としてみるなら「町屋」ともいう。戦国時代頃から日本全国各地にみられ、武士が住む武家屋敷に対して酒屋、米屋、染屋、織屋、油屋などの商人や職人が仕事や店舗を営み、住居も兼ねた。

全国各地の町家と比べると、京町家には少し特徴がある。まず外観では一文字瓦《いちもんじかわら》とむくり屋根、虫籠窓《むしこまど》、犬矢来《いぬやらい》、格子《こうし》、ばったり床几《しょうぎ》など。

一文字瓦とは、京町家独特の瓦で、彫り物や紋など模様のない瓦で屋根に並べた時に下部が一直線になるもの。むくり屋根は、上から眺めると屋根が少し丸みを帯びて弧を描いている屋根のことで、雨を受けると弧を描くようにゆっくりと滑り落とす。まさに京らしい風情のある屋根だ。

虫籠窓は、格子が縦にはめられ形が虫かごに似ている窓で、中二階の低い壁につくられる。犬矢来は道路に面した外壁のすそに緩やかなカーブを描いておかれた垣根のこと。竹や木でつくられ、犬矢来のある町家が数件並んだ町並みはじつに美しい。格子は、京の町家によく似合う。職業によって種類や形状が違い、切子格子《きりこごうし》、出格子《でごうし》、出窓格子《でまどごうし》、米屋格子《こめやごうし》、酒屋格子《さかやごうし》などがある。

ばったり床几は町家の表に仕組まれた折りたたみ式ベンチで、普段は壁に沿って折りたたんでしまっておくが、必要な時に表にばったりと倒してベンチにする。

また、京町家の大きな特徴は「うなぎの寝床」といわれる細長い造りで、間口が狭く三間（五・四メートル）しかないが、奥へは深く延びて二〇間はある。表から入ると、「店の間」「中の間」「台所（居間）」「奥の間」、坪庭と奥へ一直線に延び、部屋の横には「通り庭」と呼ばれる土間がやはり一直線に延び、坪庭へと続く。坪庭の奥には蔵が設けられている。

土間には「おくどさん」と呼ばれる米を炊くかまどがあり、そのわきに水屋と井戸がある。いまでいうキッチンである。

では、この町家はいつどこで生まれたのだろうか。京都だけでなく金沢や萩、松山など江戸時代からの町家が残っている古い町並みは全国にある。だが、やはり町家の起源は平安時代の京都であった。

京呉服の問屋街「室町」の街並み

平安京は、唐の都・長安を模して碁盤の目のようにつくられたことはよく知られている。都は南端の羅城門《らじょうもん》から伸びる朱雀大路《すざくおおじ》を中心にして、条坊制によって区画整備された。

平安京には東市と西市という繁華街があった。ここで物を売るための小屋である「店屋」が登場し「まちや」と呼ばれたことが史書に記されており、これが現在の町家の起源といわれている。

また、祭りも町家の起源に深く関わっていたという。平安京の代表的な祭りである葵祭や祇園祭が催された際、庶民は練り歩く行列を見物するために、道路に面した塀や柵の前の築地（壁や囲い）に桟敷を設けた。これがしだいに道に面して建てる小屋に変わっていったのが町家のはじまりだともいう。

しかし、「うなぎの寝床」といわれる現在の京町家が登場するのは、豊臣秀吉の時代からである。秀吉は天下を掌握すると、戦国の世で荒れた京都の都市改造を実施した。平安京の通りは東西南北が一二〇メートルの正方形に区画されていたが、秀吉は南北方向の通りの中間に新たに通りを建設し、町をつくった。これによって京の町は南北一二〇メートル、東西六〇メートル間隔の細長い長方形状に細分化された。この秀吉の都市改造は寺や神社を無理矢理移転させたり、寺の境内に通りを貫くことになったりと、強引ともいえる場合もあった。

さらに秀吉は家の間口の大きさによって課税の金額を決定し、三間の間口を一軒の税金とした。そこで町衆は狭く三間の狭い間口で、奥行きが深い「うなぎの寝床」の町家を誕生させたのである。これも人口が多い密集地に家をつくる町衆の工夫であり、秀吉の強引ともいえる京の都市改造と課税に反発する町衆の知恵であった。

現在も京都には伝統ある町家が約五万軒も残っているといわれる。たとえば西陣の一帯には、織物業を営む昔ながらの町屋が残る。祇園には町家建築の料亭やお茶屋などが風情を醸す。壬生《みぶ》町は幕末に新撰組隊士が住んだ町家が今も残る。

しかし時代の流れとともに、老朽化した町家は取り壊されて姿を消しつつあるのが現状で、京都市では歴史ある町家をいかに保全・再生していくか、プロジェクトをつくって取り組んでいる。

書院造り

現代に受け継がれる建築様式

東山山荘（銀閣寺）

書院造りは、現代の和風住宅に受け継がれている建築様式で、古代の寝殿造りから発展して鎌倉・室町の武家の時代に成立した。

その特徴は、まず床の間《とこ》、違い棚《ちがだな》、付書院《つけしょいん》の座敷飾りと呼ばれる設備を備えた座敷であること。書院とは、もともとは床の間のわきに付けられた出窓のような机状の棚で、明かり取りの障子が付いているスペースをいい、禅寺で僧侶が書物を読むための空間のことであった。それがやがて書院の設備を備えた座敷や建物のことを広く呼ぶようになった。

そのほかの書院造りの特徴は、屋敷の内部を襖《ふすま》や障子などの建具で仕切り、柱は角柱、床には全体に畳を敷き、天井を張り、明かり障子を備えている。座敷飾りを備えた書院は客を迎え入れて対面する座敷で、主人やその家族が生活するスペースとは分けられている。

書院造りは、寝殿造りの流れを継承した鎌倉時代からしだいに発展していった。武家社会になって客を迎え入れることが多くなったため、接客する客間が生まれた。これが主人の御成《おなり》にも用いられ、座敷《ざしき》と呼ばれたものが書院造りのはじまりだという。この座敷がしだいに連歌《れんが》の会や茶の湯の会の会所《かいしょ》などに使われ、書院造りの初期の形を整えていく。

室町時代になると、三代将軍・足利義満の時代に北山文化が花開き、連歌や茶の湯の会所に座敷飾りが設けられるようになった。続いて八代将軍・足利義政の東山文化では、茶道、華道などがさらに発展した。義政は京都東山の月待山《つきまちやま》の麓に文明一四年（一四八二）から東山山荘の造営を始めた。応仁《おうにん》の乱の直後で京都の町は疲弊していたが、義政は町民に税や労役を課して東山山荘を建立し、翌文明一五年（一四八三）にはここに移り住んで茶の湯や書画にふけった。

この東山山荘が後の慈照寺《じしょうじ》銀閣である。当初、この山荘には会所、常御所《つねのごしょ》、泉殿《いずみどの》をはじめいくつもの屋敷が建つ大規模なものだったが、現在は銀閣と東求堂《とうぐどう》が残るのみである。

東求堂は文明一八年（一四八六）に建てられた仏を祀る持仏堂《じぶつどう》で、広さは三間半四方、仏間と同仁斎《どうじんさい》という義政の書斎が設けられている。この同仁斎には付書院と違い棚がしつらえられており、これが現存する最古の書院造りの座敷飾りで、同仁斎は本格的な書院造りのはじまりだといわれる。

床の間、違い棚は客のために書画、掛け軸、置物などを飾る場所となり、床の間と客が座る位置関係が身分序列を表していた。いまでも床の間の位置によって上座、下座が決められるのは、このときからである。

銀閣寺東求堂。京を代表する書院造りの建造物

【銀閣寺へのアクセス】
市バスで「銀閣寺道」下車、徒歩10分。

武家屋敷では、表向きには武士の出入りや詰め所となった遠侍《とおさぶらい》や控えの間、対面の大広間が、奥には私的な対面の間や政務をとる御座《ござ》の間、居間・寝室となった御寝《ぎょしん》の間などがつくられた。このように目的や用途によって複数の書院を備えた邸宅や寺院では、大書院、小書院、黒書院、白書院などの多様な書院が設けられていた。黒書院とは奥向きで私的な対面をする書院、白書院は御座の間のことである。

安土桃山時代になると、城郭の書院造りはさらに身分序列を確認するものとなった。織田信長が築いた安土城、秀吉が築いた大坂城や聚楽第《じゅらくだい》には狩野派《かのうは》による豪華な襖絵《ふすまえ》や天井画が描かれ、城主の権勢を表した。また、徳川家光が建てた二条城の二の丸書院は将軍が対面をする場所であり、将軍や諸大名の席次《せきじ》が厳格に決められていた。

将軍の座る上座は、書画の掛け軸や生け花が飾られた床の間、違い棚、付書院などによって荘厳なものにされ、さらに下手から上座に向かって徐々に床面が高くなり、天井も折上格天井《おりあげごうてんじょう》という豪華な造りになっている。

京都には貴重な書院造りの建造物が多い。西本願寺の白書院は豪華絢爛《けんらん》たる書院で国宝である。二条城二の丸御殿の白書院と黒書院、桂離宮、醍醐寺の三宝院など挙げればきりがない。

これらの日本の優れた伝統的和風建築のはじまりは、室町時代の京都東山にあったのである。

法堂

寺の権威を誇示する堂々たる建造物

相国寺ほか

「法堂《はっとう》」とは、禅寺において住職が修行僧に仏教を講義する道場のことをいう。禅宗の寺につくられた建物で、他宗派においては「講堂」に当たる。仏像を祀る仏殿と並んで寺院の中心に位置する重要な建物である。

また、講義僧が教義や説法をするために法堂の法席に上がることを「上堂《じょうどう》」といい、その説法を「上堂説法」という。上堂説法は『臨済録《りんざいろく》』などの書に収録されている。

禅宗は中国の南宋に渡った栄西《えいさい》が日本に伝えたのがはじまりといわれ、建久《けんきゅう》六年（一一九五）に福岡博多に建立した聖福寺《しょうふくじ》が日本初の禅寺とされる。禅宗は鎌倉時代以降、武士や庶民を中心に広まり各地に禅寺が建立された。

栄西は建仁《けんにん》二年（一二〇二）に京都東山に建仁寺を建立し、朝廷や幕府の庇護を受けて京都に禅宗の教えを広めた。そのため一三世紀には、京都には禅寺が次々と建てられている。

代表的な禅寺は、正応《しょうおう》四年（一二九一）に開山した南禅寺《なんぜん》、建長七年（一二五五）に創建された

東福寺、明徳三年（一三九二）の創建である相国《しょうこく》寺、妙心《みょうしん》寺、天龍《てんりゅう》寺、大徳《だいとく》寺などである。鎌倉時代末から

禅寺に法堂がつくられるようになったのは、詳しいことは明らかではないが、南北朝時代といわれる。

現在の南禅寺の法堂は、境内の中央に置かれた重厚な建物だが、創建当時のものは応仁・文明の乱で焼失している。文明一一年（一四七九）に再建され、慶長一一年（一六〇六）に豊臣秀頼の寄進によって大改築されたが、これも明治二六年（一八九三）の火災で焼失。現在の法堂は明治四二年（一九〇九）に再建されたもの。天井には明治から大正にかけて活躍した日本画家・今尾《いまお》景年《けいねん》による迫力ある龍の絵「蟠龍図《ばんりゅうず》」が描かれている。

東福寺は東山区本町《ほんまち》にあり、九条道家《くじょうみちいえ》が建長七年（一二五五）、高さ約一五メートルの仏像を祀ることを発願して建立した。法堂は仏殿、本堂も兼ね文永《ぶんえい》一〇年（一二七三）の竣工だが、元応《げんおう》元年（一三一九）の火災をはじめたびたびの火災により焼失した。その後再建されたが明治一四年（一八八一）にまたもや焼失し、現在の法堂は大正六年（一九一七）から再建工事にかかり昭和九年（一九三四）に完成したものである。天井の龍の絵は昭和八年（一九三三）、日本画家の堂本《どうもと》印象《いんしょう》が描いた「蒼龍図《そうりゅうず》」である。

建仁寺は創建は古いが法堂がつくられたのは明和二年（一七六五）と比較的新しい。同じく栄西が建てた博多聖福寺には法堂はなく、それに相当すると思われる仏殿の建立は天正一七年（一

相国寺の法堂。現存する法堂としては、最古のものである

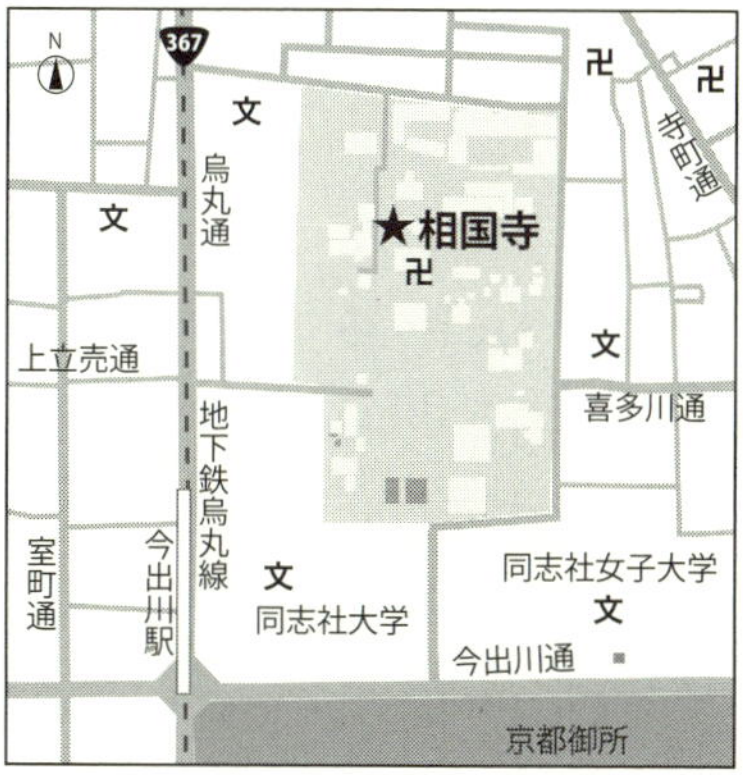

【相国寺へのアクセス】
地下鉄烏丸線「今出川」駅下車、徒歩５分。

五八九）である。

相国寺は、室町幕府三代将軍・足利義満によって明徳三年（一三九二）に創建された。創建当時は約一四四万坪の広大な敷地に五〇以上の塔頭《たっちゅう》寺院を擁し、当時では最大規模の寺院であった。義満はこの頃朝廷をもしのぐ権力を掌握し、その権威を朝廷と都中に示威するために、室町幕府を置いた花の御所に隣接して壮大な寺院を造ったのである。相国寺の法堂は本堂も兼ねている。

相国寺は応仁・文明の乱で東軍の陣地となり西軍に買収された僧の放火により全焼。このとき創建当時の法堂も焼失した。現在の法堂は慶長一〇年（一六〇五）に豊臣秀頼によって再建されたもので、法堂建築としては日本最古の貴重な建物である。

天井の龍の絵は、再建時に狩野派の狩野光信《みつのぶ》により描かれたと伝えられ、特定の場所で手をたたくと反響して鳴き声を上げるので「鳴き龍」として知られている。

現存する法堂では相国寺のものが最初の建築となるが、南禅寺、東福寺の法堂も創建当時のもの、再建したものが焼失しなければ、こちらも発祥といえるであろう。いずれにしても、法堂建築は京都の禅寺から始まったと考えられるのである。

寝殿造り

『源氏物語』の舞台にもなった壮麗な邸宅

六条河原院／東三条殿

寝殿造り《しんでんづく》は平安時代中期の一〇世紀から一一世紀はじめに登場した上級貴族の住宅建築様式である。

その構造の特徴は、邸宅の周囲に築地塀《ついじべい》をめぐらし、中心に寝殿（正殿）を南向きに建て、北、東、西に対と呼ばれる建物を配し、中庭を囲むようにコの字形に中門廊《ちゅうもんろう》を設けた。寝殿、対《たい》などの主要殿舎は廊《ろう》や渡殿《わたどの》で連結し、寝殿を中心に左右対称に配した。

檜皮葺《ひわだぶき》、入母屋造《いりもやづくり》の屋根をつけ木造の高床式にし、内部は間仕切りのない広大な居住空間で、几帳《きちょう》、屏風《びょうぶ》、衝立《ついたて》などの調度品を使って部屋を仕切った。寝殿や対は主人や家族の居住スペースとなったほか、儀礼や行事を行う場にもなった。

敷地は平安京の条坊制《じょうぼうせい》により、約一二〇メートル四方が基本の広さで東西に門を設け、どちらかが正門になった。寝殿の南側には庭をつくり、池や築山《つきやま》、名勝を縮小した景色を設け、南庭は年中行事を行う場となった。池が大きい場合は中島や橋が設けられ、宴の際には舟を浮かべて詩歌管弦を楽しんだ。寝殿と渡殿で連結された東西の対からはさらに中門廊が南に向かって延び、その南端は池にのぞみ、池に面して観月、雪見などに利用される釣殿《つりどの》、泉殿《いずみどの》がつくられた。

このような独特の建築様式が完成するのは平安中期と推定され、それ以前の平城京の貴族の屋敷も塀に囲まれた広大な邸宅であるが、寝殿造りの形式には至っていない。

では平安京で寝殿造りの起源となる建物はというと、詳細は明らかではないが、嵯峨《さが》天皇の十二男で左大臣になり、源氏物語の主人公である光源氏の実在のモデルといわれる源融《みなもとのとおる》が造営した六条河原院《ろくじょうかわらのいん》や、平安時代初期の公卿であった藤原良房《よしふさ》が造営して邸宅とした東三条殿《ひがしさんじょうどの》が平安時代初期の建物で、寝殿造りの代表といわれている。

六条河原院は、南は六条大路、北は六条坊門小路《ろくじょうぼうもんこうじ》、東は東京極大路《ひがしきょうごくおおじ》、西は万里小路《までのこうじ》に囲まれた八町に及ぶ広大な邸で、庭園には鴨川の水を引き入れて池をつくり、陸奥国塩釜《むつのくにしおがま》の風景を再現させた豪華な邸宅であったという。源氏物語に登場する光源氏の邸宅「六条院」のモデルであるともいわれる。融の死後は宇多《うだ》上皇に献上されて御所となった。その後は何度も火災にあって現在は下京区木屋町《きやまち》通五条下ルに「河原院跡」の石碑が建つ。源融は弘仁一三年（八二二〜八九五）の人物であるので、河原院は九世紀半ばには造営された寝殿造りと思われる。

東三条殿は、左京三条三坊一町と二町にまたがる広大な邸宅で、藤原良房の邸宅となった後は陽成《ようぜい》上皇や宇多上皇の院としても用いられた。藤原良房は延暦二三年（八〇四〜八七二）の人物で

東三条殿跡

六条河原院跡

あることから、これも九世紀半ばには造営されていたと推定される。

後に藤原兼家《かねいえ》の屋敷となり、兼家の娘藤原詮子《せんし》が住んだ。詮子は出家して日本最初の女院となり、東三条院と呼ばれた。東三条院の死後は藤原道長の所有となり一条天皇や三条天皇の里内裏《さとだいり》としても使われたが、仁安元年（一一六六）に焼失した。現在の中京区押小路通《おしこうじどおり》釜座《かまんざ》付近に当たる。

そのほか、藤原道長の土御門《つちみかど》京極殿《きょうごくでん》や右京区にある大覚寺も代表的な寝殿造りとして知られる。

いずれも平安京が生んだ貴族の屋敷建築の起源といえる。

能舞台

布教の手段として寺社の支援のもと発展

西本願寺ほか

京都市内を散策していると、由緒ある神社仏閣を目にすることは言うまでもないが、能舞台や能楽堂に出会うことが多い。京都は市の規模に対して能舞台や能楽堂がきわめて多いのだ。それは、能楽が室町時代から京都で発展し、観阿弥《かんあみ》・世阿弥《ぜあみ》親子によって大成されたという歴史的な経緯があるから当然かもしれない（八二頁「能楽」参照）。

鎌倉時代に興った大和猿楽四座《やまとさるがくよざ》は後に観世、金春《こんぱる》、宝生《ほうしょう》、金剛《こんごう》流の能楽宗家となり、これに喜多《きた》流を加えた五流が京都でしのぎを削っていた。江戸に幕府が開かれるまで能楽の本拠地は京都にあったのだ。しかし江戸幕府が能楽を式楽としたため金剛流を除く四流派は江戸に本拠を移し現在に至っている。

それでも、室町時代から京都の町衆は能楽や狂言を大いに愛好してきた。その気風と嗜好は現在の京都人にも受け継がれている。プロではない一般の者でも、能や狂言を学び演じる人が多いし、京都ではあちこちにある舞台で能や狂言の会が盛んに催されている。

能楽の起こりは平安時代、田植えの前に豊作を祈願して歌や踊りを田んぼで行った田楽《でんがく》である。それが猿楽に発展し、さらに能楽の芸術の域に高められた。したがって能楽は初めは田や草地の屋外が舞台で、やがて神社の拝殿や屋外の仮設舞台などで演じられるようになった。現在のような能舞台ができたのは室町時代末期から安土桃山時代と思われるが、当初は正式な舞台はすべて屋外にあった。

能楽堂が誕生したのは近代になってからであるが、舞台と観客席を建物の中に取り込んで劇場形式になったのは明治からで、比較的新しい。

能楽堂では観客席を「見所《けんじょ》」といい、見所には正面、脇正面、中正面がある。見所から能舞台を見ると、本舞台《ほんぶたい》、地謡座《じうたいざ》、後座《あとざ》、橋掛《はしがか》りの四つの部分に分かれる。地謡座は本舞台の向かって右側にある張り出し部分で、地謡を謡う者が座る。後座は本舞台の奥の張り出し部分で、板が横に敷いてあるので横板《よこいた》ともいい、笛、小鼓《こつづみ》、大鼓《おおつづみ》、太鼓《たいこ》が座る。橋掛りは、能舞台独特のもの。後座の向かって左側から延びる細長い廊下で、演者が登場、退場する道である。

近代以降の劇場形式の能楽堂も京都には多くあるが、桃山時代頃からの屋外の能舞台は、どれくらい京都に残っているのだろうか。京都市内の歴史的な能舞台については京都府教育委員会が発行した『京都府文化財総合目録』で、井上頼寿《よりとし》、片山慶次郎《かたやまけいじろう》氏などが調査研究を行っている。それによると、一六棟余が残っているという。

例を上げると、西本願寺の北能舞台と南能舞台、東本願寺、今宮《いまみや》神社御旅所《おたびしょ》、八坂神社、粟田《あわた》神社、野村碧雲荘《へきうんそう》、日本クリスチャンアカデミーの豊響殿《ほうきょうでん》、岡崎《おかざき》神社、伏見稲荷《ふしみいなり》大社、御香宮《ごこうのみや》神社、伏見稲荷大社《ふしみいなりたいしゃ》御旅所、広隆寺《こうりゅう》、春日《かすが》神社、御霊《ごりょう》神社、五社《ごしゃ》神社などである。

このうち、現存する最古の能舞台は西本願寺の北能舞台である。

西本願寺は京都駅から徒歩一〇分ほどのところ、堀川通に面して壮大な伽藍を構える浄土真宗本願寺派の大本山である。東西約三三〇メートル、南北約二九〇メートルに及ぶ広大な境内には、重要文化財に指定されている本堂、大師堂《だいしどう》、鐘楼や国宝の飛雲閣《ひうんかく》、唐門《からもん》、白書院、黒書院など重厚で見事な建築物がある。天正一九年（一五九一）に浄土真宗一一世准如《じゅんにょ》が豊臣秀吉からこの地を寄進されて造営した。

西本願寺には能舞台が書院の南北に二つあり、室内能舞台も白書院と対面所にある。白書院の北にある北能舞台が天正九年（一五八一）の造営で、懸魚《げぎょ》にその墨書があるので確かであろう。最古の舞台で国宝に指定されている。白書院を見所とし、正面舞台は入母屋造《いりもやづく》りで、桃山時代の歴史を感じさせる。

建立の詳しい経緯は不明な部分もあるが、本願寺の寺侍であった下間《しもつま》家が徳川家康からこの能舞台を与えられ、本願寺に寄進されたものといわれている。本願寺に能舞台があるのは、八世蓮《れん》如《にょ》の時代から布教の手段として能楽を催したからで、かつて寺と能楽は深い関係があったのであ

【西本願寺へのアクセス】
「京都」駅下車、徒歩13分。

西本願寺の唐門。国宝である

る。

　ここから東へ四〇〇メートルほど行くと、浄土真宗大谷派の東本願寺の壮大な伽藍がそびえる。東本願寺にも白書院の前に能舞台があり、今でも大きな法要の際には能楽が催されている。

　田楽の舞台となった田んぼから発展した能舞台は、桃山時代につくられた西本願寺の北能舞台であったのである。

　このように歴史ある京都の神社や寺院では、桃山時代からの能舞台が、現在も保存活用されている。その一方で、明治時代から昭和初期にかけて造営された能舞台も多い。明治維新によって江戸幕府が倒れたため、幕府の式楽となっていた能楽も存亡の危機に瀕した。そこで、京都では大きな神社や寺に能舞台を建立して能の普及発展に尽力したからである。京都の寺や神社が能の発祥・発展に努めた功績は大きいといえるであろう。

障子

清盛邸を飾った画期的な建具

六波羅

京都市で最も賑わい、また京情緒が満喫できるのが祇園《ぎおん》であろう。祇園八坂神社前の四条通と花見小路通の交差点に赤穂浪士《あこうろうし》で有名な一力茶屋《いちりきぢゃや》が建つ。その角を東へ曲がり、お茶屋がズラリと軒を連ねる花見小路を行くと、禅僧栄西が創建した建仁寺《けんにんじ》にたどり着く。建仁寺の境内を散策して栄西《えいさい》が伝えた茶の垣根と畑を眺め、さらに南東へ向かうと、松原通に出て六波羅蜜寺《ろくはらみつじ》や六道珍皇寺《ちんのうじ》に至る。この一帯は京都の風情をたっぷり味わえ、しかも八坂神社をはじめ北政所が創建した高台寺《こうだいじ》、ねねの道、清水寺も近く、筆者の好きな散策路の一つである。

六波羅蜜寺は平安末期に空也上人《くうやしょうにん》が創建した寺で、重要文化財の平清盛坐像、空也上人立像は歴史書には必ずといっていいほど掲載されている。この寺に平清盛像があるのは、平家全盛の頃、六波羅蜜寺を囲むようにして、付近一帯の広大な土地に平家一門が邸宅を多数造営して軒を連ねていたからである。その数六〇〇〇ともいわれ、この地域は平家一門の権力の象徴であった。なかでも平清盛の邸宅である六波羅泉殿《いずみどの》は、豪壮な屋敷であった。その復元図によると、平安

六波羅蜜寺。平家はこの周辺に、一門と郎党の邸館、武具職人集落を有する大集落を築いていた

【六波羅蜜寺へのアクセス】

京阪電鉄「清水五条」駅から徒歩7分、または阪急京都線「河原町」駅から徒歩15分。

中期に成立した貴族の寝殿造りとはかなり異なっていたようだ。贅《ぜい》を尽くして遊興にふけった貴族の寝殿造りではなく、清盛はもっと機能性に富んだ合理的な邸にした。

その最も顕著な例が、障子《しょうじ》の工夫であった。障子は平安貴族の寝殿造りにおいて、襖《ふすま》とともに誕生して用いられてきた。当初は襖障子、唐紙障子などともいい、部屋の間仕切りとして屛風や几帳などと一緒に使われた。障子が現在のように明かりを通すために木枠に紙を張った明かり障子が広く用いられるようになったのは、この清盛の泉殿である。

清盛の泉殿では、明かりを取り入れ、室内を隔て、寒風を防ぐことができる明かり障子を誕生させた。ガラスがなかった当時では、外部からの視線をさえぎったまま明かりを取り入れられる新しい障子は、きわめて斬新で画期的な工夫であったという。さらに和紙を張った障子は、吸湿性と断熱性に優れているので、盆地で夏が蒸し暑く冬は底冷えする京都には適していた。

この時代に書かれた史書には、泉殿で「明かり障子を立つ」などの記述が見られることから、清盛の邸宅では明かり障子がさかんに使われたと思われる。

室町時代には書院造りに使用される下部を板張りにした腰付障子《こしつきしょうじ》が登場した。江戸時代になると、組子（タテヨコに組んだ木枠）にさまざまな和紙が張られて多種多様な障子が登場した。

明かり障子は清盛の時代から現在まで和風住宅には欠かせない要素となり、襖とも区別されて発達してきたのである。

神社建築

『日本書紀』にも登場する国宝

宇治上神社

宇治《うじ》市は京都の南部に位置し、宇治川が流れ、緑豊かな自然に恵まれた歴史と伝統の地で、宇治茶と『源氏物語　宇治十帖《うじじゅうじょう》』の舞台として知られる。宇治川に沿って宇治十帖散策コースがあり、宇治十帖の石碑など古跡が点在する。

また世界遺産にも登録されている平等院、宇治神社、宇治上《うじがみ》神社、橋姫《はしひめ》神社、源氏物語ミュージアムなど見所が多く、「さわらびの道」「あじろぎの道」は古代の道を再現した情緒あふれる散策路である。

京阪電鉄宇治駅から宇治川に沿って東南に進むと宇治神社に至り、その程近くに歴史を感じさせる宇治上神社がひっそりとしたたたずまいを見せる。筆者も宇治上神社をはじめ宇治は何度も訪れているが、京都市内とはまた違った平安京の風情が溢れる名勝地である。

宇治上神社は、菟道稚郎子《うじのわきいらつこ》、応神《おうじん》天皇、仁徳《にんとく》天皇を祭神として祀り、創建年など起源ははっきりしていないが、次のような興味深い話が『日本書紀』に残されている。

菟道稚郎子は応神天皇の子で、仁徳天皇は兄である。応神天皇は弟の菟道稚郎子を寵愛して皇太子としたが、応神天皇が崩御したとき、菟道稚郎子は兄の大鷦鷯尊《おおさざきのみこと》（後の仁徳天皇）に皇位を譲ろうとした。しかし兄は父に背くことになるとしてこれを拒否したので、天皇不在の状況が三年間続いた。そこで、菟道稚郎子は兄に皇位を継がせるため宇治川に入水して命を絶った。そこで宇治上神社は応神天皇、仁徳天皇、菟道稚郎子の三者を祭神として祀ったという。このことから、創建は古く五世紀半ば頃ではないかという説もある。また、醍醐《だいご》天皇が神託を受けて昌泰《しょうたい》三年（九〇〇）に社殿を築造したのがはじまりともいわれている。

近くにある宇治神社と合わせて「宇治離宮明神」と呼ばれ、平等院が一一世紀はじめに建立されると、その鎮守社とされ信仰を集めた。

宇治上神社は歴史が古いだけでなく、現存する最古の神社建築であるといわれる。平成一六年（二〇〇四）の奈良文化財研究所や宇治市の調査により、境内にある本殿が康平三年（一〇六〇）頃の建立とわかり、現存する最古のものという説が裏付けられた。

では神社建築の特徴とはどのようなものか。

もともと神社の起源は社殿ではなく、磐座《いわくら》や神聖な山、滝、森、巨木などに神が宿るとして崇拝したことに始まる。これらの自然に宿る神を御神体から移して祀った祭殿が神社に発展したと思われる。現在でも磐座《いわくら》や山を本殿や社殿として、本殿や社殿の建物がない神社が存在する。

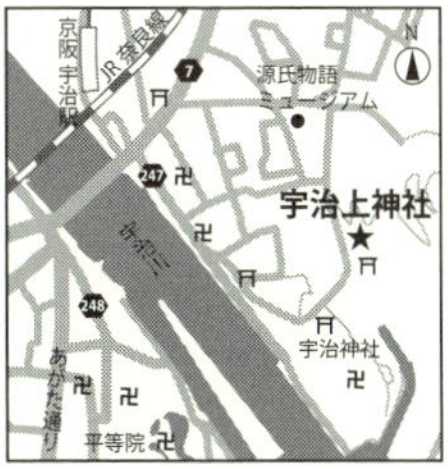

【アクセス】
京阪宇治線「宇治」駅下車、徒歩10分。

現存する最古の神社建築、宇治上神社

しかし、現在の通常の神社建築は、まず入り口に鳥居《とりい》があって境内と俗世の境界となっている。鳥居から社殿まで参道《さんどう》が通じ、社殿は御神体を安置する本殿と参拝、祭礼を行う拝殿、幣《へい》帛《はく》を備える幣殿から成る。そのほか神楽殿、手水舎《ちょうずや》、社務所が置かれる。本殿の建築は、屋根に妻をもち瓦は用いない。床を高くし、土壁は用いないなどの特徴がある。

宇治上神社の本殿は国宝に指定されており、中に内殿があり、中央の中殿は応神天皇を、左殿は菟道稚郎子、右殿は仁徳天皇を祀る。

日本全国には伊勢神宮、出雲大社など歴史が古い神社は数多くあるが、現存する社殿のほとんどは江戸時代以降のものであり、宇治上神社の本殿が現存する最古の神社建築といわれるのは、京都の誇りである。

〈写真提供一覧〉

八幡市立松花堂庭園・美術館　　13頁
株式会社 土井志ば漬本舗　　17頁
千枚漬本家 大藤　　19頁
株式会社 京都なり田　　23頁
Photo Library　　27, 37下, 40, 53上, 67, 81, 85, 103, 104, 126, 133, 136, 139, 204, 227, 231, 233頁
株式会社 松葉　　30頁
京都料理組合、株式会社 大広関西　　33頁
平野家本家　　37頁上
合資会社 塩瀬総本家　　43頁
加茂みたらし茶屋　　46頁
株式会社 進々堂　　50頁
清水荘三　　53下, 59, 71, 89, 92, 95, 97, 98, 107, 109, 112, 115, 118, 152, 158, 165, 173, 177, 179, 188, 195, 202, 205, 215, 219, 223, 237頁
PlusMinus　　122頁
玄松子　　130頁
郷田孝之　　168頁
Bakkai　　175頁
泉　俊一（京都観光チャンネル）　182頁
Jo　　185頁
木下知威　　191頁
Kanko3131　　198頁
663highland　　211頁

森谷　尅久（もりや・かつひさ）

1934年京都市生まれ。立命館大学大学院文学研究科修士課程修了。都市文化史、生活文化史、情報文化史を専攻。京都市歴史資料館初代館長、京都市文化財保護審議会委員、平安建都1200年記念協会理事、京都大学講師などを経て、現在武庫川女子大学名誉教授。京都の文化をはじめ、祭事、歴史、風俗における第一人者。京都・観光文化検定試験公式テキストの監修も務める。著書に、『京都大事典』（淡交社）、『京都千年』（講談社）、『京都市の地名』『京都の歴史』（平凡社）、『京都の大路小路─ビジュアル・ワイド』（小学館）、『京都「地理・地名・地図」の謎』（実業之日本社）、『京都を楽しむ地名・歴史事典』『［図説］〈時代順〉京都歩き』（PHP研究所）などがある。

京都 はじまり物語

2013年9月20日　初版印刷
2013年9月30日　初版発行

著　　者　森谷　尅久
発 行 者　小林　悠一
発 行 所　株式会社 東京堂出版
〒101-0051　東京都千代田区神田神保町1-17
電　話　(03)3233-3741
振　替　00130-7-270
http://www.tokyodoshuppan.com/
D　T　P　株式会社オノ・エーワン
印刷・製本　東京リスマチック株式会社

ISBN 978-4-490-20841-2 C0095